Percursos para a pesquisa em filosofia

SÉRIE ESTUDOS DE FILOSOFIA

intersaberes

2ª edição

Percursos para a pesquisa em filosofia

Douglas Henrique Antunes Lopes

intersaberes

Rua Clara Vendramin, 58 . Mossunguê
CEP 81200-170 . Curitiba . PR . Brasil
Fone: (41) 2106-4170
www.intersaberes.com
editora@intersaberes.com

Conselho editorial
Dr. Alexandre Coutinho Pagliarini
Drª. Elena Godoy
Dr. Neri dos Santos
Mª. Maria Lúcia Prado Sabatella

Editora-chefe
Lindsay Azambuja

Gerente editorial
Ariadne Nunes Wenger

Assistente editorial
Daniela Viroli Pereira Pinto

Edição de texto
Natasha Saboredo

Capa
Iná Trigo (*design* e imagem)
Luana Machado Amaro (adaptação)

Projeto gráfico
Bruno Palma e Silva (*design*)
Sílvio Gabriel Spannenberg (adaptação)
OLaLa Merkel/Shutterstock (imagem)

Diagramação
Querido Design

Equipe de design
Iná Trigo
Charles L. da Silva
Luana Machado Amaro

Iconografia
Maria Elisa de Carvalho Sonda
Regina Claudia Cruz Prestes

Dados Internacionais de Catalogação na Publicação (CIP)
(Câmara Brasileira do Livro, SP, Brasil)

Lopes, Douglas Henrique Antunes
  Percursos para a pesquisa em filosofia / Douglas Henrique Antunes Lopes. -- 2. ed. -- Curitiba, PR : Intersaberes, 2024. -- (Série estudos de filosofia)

  Bibliografia.
  ISBN 978-85-227-1282-3

  1. Filosofia 2. Filosofia - Introduções 3. Pesquisa - Estudo e ensino I. Título. II. Série.

24-188982   CDD-101

Índices para catálogo sistemático :
1. Filosofia: Introdução   101
Tábata Alves da Silva - Bibliotecária - CRB-8/9253

1ª edição, 2019.
2ª edição, 2024.

Foi feito o depósito legal.

Informamos que é de inteira responsabilidade do autor a emissão de conceitos.

Nenhuma parte desta publicação poderá ser reproduzida por qualquer meio ou forma sem a prévia autorização da Editora InterSaberes.

A violação dos direitos autorais é crime estabelecido na Lei n. 9.610/1998 e punido pelo art. 184 do Código Penal.

sumário

prefácio, 13
apresentação, 19
como aproveitar ao máximo este livro, 23

1 Características da investigação filosófica, 28
1.1 Peculiaridades da investigação filosófica, 30
1.2 Filosofia e senso comum, 39
1.3 Filosofia e outras modalidades de conhecimento, 41
1.4 Extensão (ou limites) do conhecimento filosófico, 47
1.5 Valor da pesquisa em filosofia, 48

2 Técnicas e métodos de pesquisa em filosofia, 56

2.1 Martial Gueroult: estruturas dos sistemas filosóficos, 58
2.2 Victor Goldschmidt: tempo histórico e tempo lógico, 62
2.3 Oswaldo Porchat Pereira: filosofia e visão de mundo, 65
2.4 Gilles-Gaston Granger: filosofia e ciências, 70
2.5 Gilles Deleuze: filosofia *pop*, 73

3 Problemas e métodos filosóficos: grandes linhas de pesquisa em filosofia, 84

3.1 Breve perspectiva sobre a noção de dialética na tradição filosófica ocidental, 86
3.2 Foucault: arqueologia e genealogia, 92
3.3 Filosofia analítica, 95
3.4 Filosofia continental, 98

4 Leitura e interpretação dos textos filosóficos, 106

4.1 Como ler um texto filosófico, 108
4.2 Como compreender um texto filosófico, 111
4.3 Recursos linguísticos e semântico--gramaticais, 114
4.4 Como interpretar e construir uma leitura crítica, 117
4.5 Ressignificação lógica do texto filosófico, 120

5 Produção de textos filosóficos, 132
5.1 Como delimitar um problema de pesquisa em filosofia, 134
5.2 Gêneros textuais na pesquisa em filosofia, 137
5.3 Argumentação e fundamentação, 143
5.4 Sistematização intrafilosófica, 145
5.5 O exercício de refletir, 146

6 Pesquisa em filosofia, 156
6.1 Papel da pesquisa em filosofia, 158
6.2 Pesquisa em filosofia no Brasil, 159
6.3 Agências de fomento, 160
6.4 Revistas e plataformas, 161
6.5 Pesquisa em filosofia e instituições acadêmicas: editoração, publicação e avaliação, 162

considerações finais, 169
referências, 171
bibliografia comentada, 179
respostas, 183
sobre o autor, 187

Andrea Martha Antunes, minha mãe, e Vilma Jaroskievicz Antunes e Thadeu Antunes Carneiro, meus avós. Nenhum dos três está mais comigo, porém foi graças a seu amor, suor e sangue que esta obra foi possível.

Aos pilares da minha vida, Cristiane de Lima Vitaliano, minha esposa, e Estela Vitaliano Jaroskievicz Antunes, minha filha, que vivem em um balanço entre minha companhia e ausência.

O relógio tem tempo de sobra
E não me resta um minuto
Gostaria de fazer uma festa
Nem que fosse de um só segundo

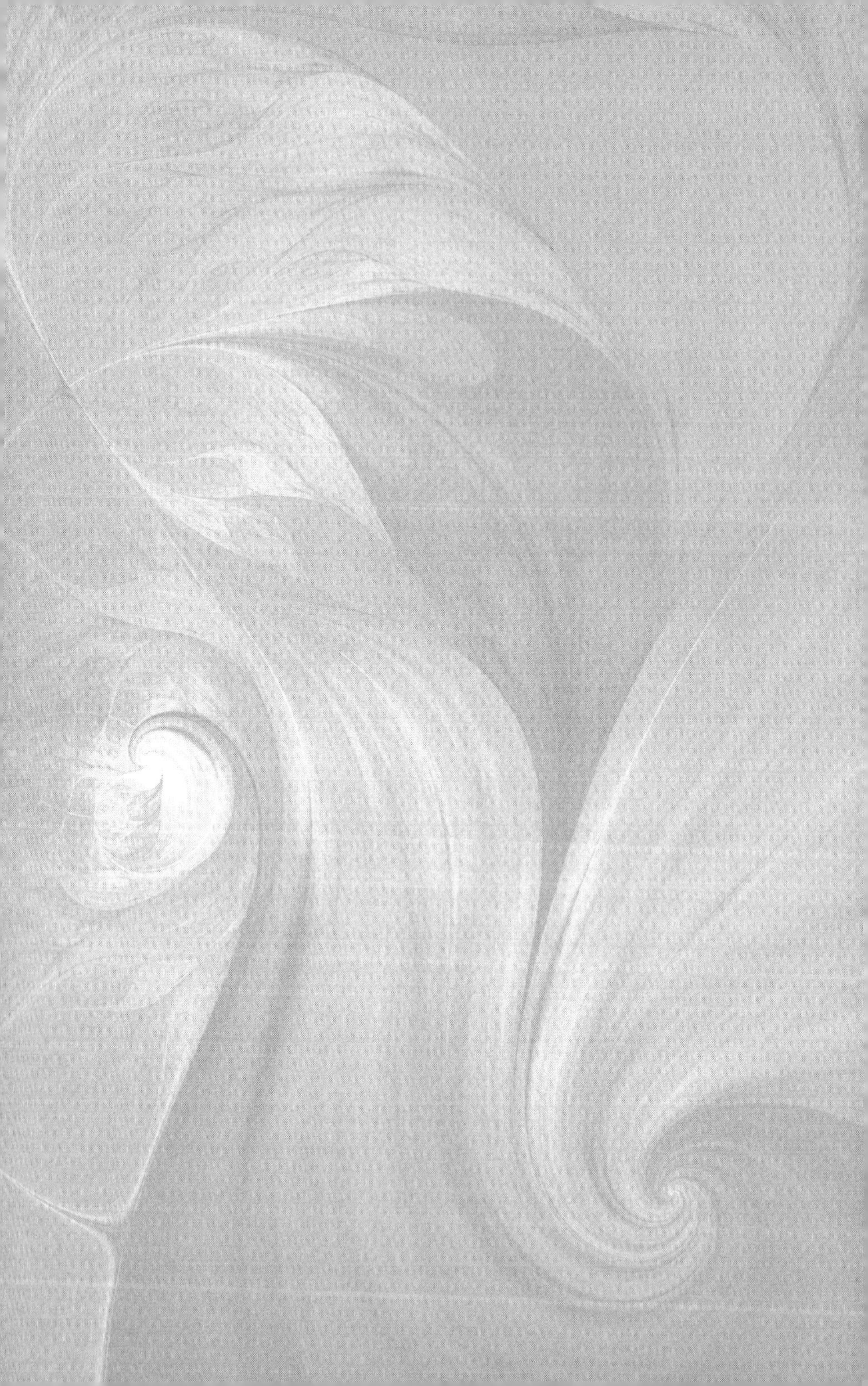

prefácio

A prática filosófica implica, originalmente, uma certa atitude de espantar-se com o mundo, ou seja, remonta a um modo de ser no mundo em que somos capazes de nos admirar com as coisas, as pessoas e, inclusive, conosco, a ponto de sermos, de alguma maneira, fortemente impactados por esse espanto, o que nos impulsiona à reflexão, ao pensamento. Ser impactado pela força externa da admiração, então, pode bem caracterizar o que, em filosofia, denominamos *atitude filosófica*, um modo de ser capaz de problematizar e refletir sobre o que nos rodeia. Certamente, não podemos dizer que essa característica é tão natural, mas também não podemos negar que por vezes tendemos a ser despertados pelo mundo.

Contudo, a prática filosófica exige também certa disciplina do pensamento no rigoroso sentido da busca por aquilo que é mais um objeto de estudo da filosofia: o método. Encontrar o bom caminho para refletir sobre algo exprime o cuidado com a disciplina do pensamento, que, somada à possibilidade de espantar-se com o mundo, não apenas caracteriza a atitude filosófica, mas também auxilia em querer saber algo que ainda não sabemos, ou seja, no caminho da pesquisa em filosofia. Pesquisamos quando ainda não sabemos o que procuramos, e o método é justamente o que nos auxilia nessa caminhada. Em termos gerais, seguir um bom caminho – isto é, um bom método que possa orientar de forma consistente a reflexão filosófica – pode garantir otimização e sucesso na pesquisa em filosofia.

Este livro, do professor Douglas Lopes, tem a pretensão de apresentar as linhas capitais para a boa orientação na reflexão filosófica, tanto pelo levantamento teórico das principais vias de reflexão na tradição filosófica quanto por apresentar os vieses mais importantes dos usos metodológicos que a filosofia aplica para a orientação adequada na pesquisa em filosofia. O leitor vai encontrar, nas partes iniciais desta obra, um contexto sobre a importância não apenas do exercício filosófico, mas também do bom direcionamento na pesquisa em filosofia. Quem se interessa pela pesquisa filosófica certamente precisa fazer uma incursão por aspectos metodológicos, a fim de acessar fatos gerais sobre a disciplina do pensamento e, assim, posicionar-se entre as distintas maneiras de iniciar uma investigação filosófica. Nesse sentido, este livro oferece um apanhado bem esquemático e introdutório consistente para aqueles que pretendem iniciar uma pesquisa em filosofia. Enfatize-se que esta obra não privilegia apenas uma direção ou orientação do método, e sim uma ampla gama de possibilidades de interpretação e diversidade de abordagens, em proveito de um virtuoso didatismo.

A pesquisa em filosofia por meio da correta orientação do pensamento, além disso, significa também lançar mão dos variados textos filosóficos, ferramentas decisivas para a pesquisa em filosofia. A obra dedica uma parte substanciosa às diferentes maneiras de interpretação e à diversidade de abordagens de um texto filosófico. Entender um texto filosófico igualmente implica aquilo que Nietzsche já havia denominado, em sua obra *Genealogia da moral*, de *arte de interpretação*. A ideia de interpretação não é unívoca; ela própria já é um problema filosófico que foi bem elaborado pela hermenêutica. Quem inicia uma pesquisa em filosofia deve, pois, estar atento às múltiplas técnicas e aos vários métodos interpretativos como ferramenta auxiliadora na leitura de um texto. Isso não significa que interpretar um texto clássico de filosofia seja necessariamente amplo e aberto de tal modo que qualquer interpretação seja válida. Como qualquer círculo hermenêutico que ganhe validade, uma interpretação precisa levar em conta o contexto histórico a partir do qual o texto é criado, as fontes que influenciaram determinado pensamento, as interlocuções e os debates de época, os objetivos de cada posição etc., de modo que compreender pesquisa em filosofia significa também lançar mão precisamente de técnicas de interpretação de um texto, capazes de dar conta desse repertório de questões que subjazem ao texto de filosofia. Com esse pano de fundo, o leitor fica ciente de que há muito mais para compreender e interpretar em um texto filosófico, como é o caso da ampliação semântica dos problemas filosóficos encontrados e sua ressignificação. Cada etapa desse percurso, porém, é acompanhada de uma base teórica para a qual este livro não deixa de chamar atenção, enfatizando-a para aqueles que pretendem seguir o caminho da pesquisa em filosofia.

O professor Douglas prima pelo didatismo típico de um texto introdutório, sendo, por isso, de grande valia para auxiliar quem inicia uma pesquisa. Não à toa, o leitor encontra nos Capítulos 4 e 5 não apenas uma abordagem sobre a leitura e a interpretação de texto filosófico, mas também uma valiosa ferramenta para a produção de um texto em filosofia, seja explicitando-se os instrumentos das etapas da pesquisa, seja esmiuçando-se os gêneros de escrita da pesquisa filosófica em diferentes níveis, como a construção de um problema em filosofia até a escrita de um artigo científico ou mesmo um trabalho de conclusão de curso. Não são raras as vezes que um aluno interessado em escrever um texto filosófico traz inúmeras dúvidas, desde como delimitar um problema filosófico, elaborar fontes até a finalização da escrita. A vantagem deste livro é, nesse sentido, subsidiar o leitor com o repertório de fundamentos e direções para a produção da pesquisa em filosofia, não apenas conduzindo-o de modo didático com as pacientes e claras explicações, munindo seu texto com bons e esclarecedores exemplos, como também agregando outras tantas fontes bibliográficas de pesquisa que o orientam a percorrer o próprio caminho.

Destinado especialmente aos iniciantes em filosofia, a precisa abordagem deste livro é bem completa e, por isso, indispensável para quem tem interesse em pesquisa filosófica. Em um percurso que vai desde a investigação da natureza da pesquisa em filosofia, passando pela importância do método como problema filosófico, tanto na constituição da própria filosofia quanto das narrativas produzidas pela tradição filosófica, até a experimentação com técnicas de leitura, interpretação e produção de textos em filosofia, esta obra se soma a outros esforços bibliográficos disponíveis em língua portuguesa, bem como complementa a contento o atual debate sobre o sentido e a produção da pesquisa em filosofia.

Para mim, é uma alegria recomendar a leitura deste livro. Desejo a todos boas pesquisas em filosofia.

Prof. Dr. Jorge L. Viesenteiner

apresentação

Por volta de 2003, houve um período de reflorescimento da filosofia no Brasil. Podíamos ver os programas de pós-graduação despontando, mas eles seriam catapultados de vez com o ingresso da Filosofia como disciplina no ensino médio, o que possibilitou a recém-formados trabalho e sustento para avançar nas investigações filosóficas.

Como esse movimento era inaugural, foi preciso engajamento na criação de metodologias de ensino e pesquisa, tendo em vista que essas duas categorias sempre caminharam juntas. Para além das traduções dos manuais de metodologia de pesquisa, surgiram as primeiras publicações nacionais. Nesse âmbito, destacamos o nome de Antônio Joaquim Severino, que apresentou uma série de contribuições importantes referentes à pesquisa em filosofia.

Depois da abertura dos caminhos para o desenvolvimento de métodos de leitura e escrita, podemos contar com um bom número de materiais da área, de modo que esta obra se coloca diante do desafio de não ser repetitiva considerando as publicações disponíveis. Afinal, os avanços da filosofia se constituem desse modo, pois estão vinculados a uma tradição que atravessa os séculos.

O propósito principal deste livro é apresentar métodos e caminhos possíveis para a produção da pesquisa filosófica, reduzindo barreiras e diminuindo alguns dos erros frequentes de quem se inicia nessa prática.

Não apontamos como correto apenas um método de pesquisa encerrado em si mesmo, o que seria contraditório com a própria prática reflexiva, e sim apresentamos alguns dos percursos possíveis na cultura filosófica, de modo que você possa conhecê-los e sentir-se à vontade para adotá-los, interpelá-los ou colocar-se contrário a eles, visto que existem muitos outros caminhos a serem trilhados. Em vez de afunilar as possibilidades, abriremos um leque delas.

Para além da metodologia estritamente filosófica, apresentamos uma série de recursos para aprimorar a leitura, a interpretação e a escrita de textos filosóficos. Com isso, esperamos que você se sinta estimulado a produzir pesquisa e superar algumas dificuldades inerentes a essa prática.

Para atingir os objetivos descritos, a obra foi dividida em seis capítulos. No Capítulo 1, buscamos compreender as características da pesquisa filosófica que se entrelaçam com a própria prática de filosofar. Para isso, é necessário entender os sistemas filosóficos como plurais, contraditórios e conflitivos, não estáticos ou consensuais. Ao contrário do que ocorre nas ciências da natureza, a pesquisa filosófica gera respostas bastante diversas a um sem-número de questões. Levamos em conta a extensão da filosofia e suas relações com outras áreas do conhecimento.

No Capítulo 2, apresentamos a proposta metodológica de alguns autores e sistemas filosóficos. Primeiramente, temos contato com o estruturalismo de Martial Gueroult e Victor Goldschmidt, considerando que essa perspectiva oferece um instrumental possível para a leitura de qualquer texto filosófico, tendo por fundamento a compreensão das relações de argumentação interna e as articulações externas pertinentes a esse tipo de texto. Depois, partimos para o estudo das contribuições de Oswaldo Porchat Pereira no que diz respeito ao neopirronismo. O autor analisa as limitações do ceticismo moderno e nos apresenta uma série de insuficiências da racionalidade ao tentar compreender um fenômeno ou um sistema filosófico. Na sequência, dissertamos sobre a abordagem de Gilles-Gaston Granger sobre as relações entre a filosofia e as ciências. Ao questionar se a ciência pensa, o autor apresenta uma proposta metodológica para avaliação do campo científico por meio do estudo das relações entre ciência, lógica e linguagem. Ainda nesse segundo capítulo, estudamos a noção de filosofia *pop*, de Gilles Deleuze, que oferece subsídios para o exame dos fenômenos culturais ordinários, como as artes e o cinema, e indica que é papel da filosofia esclarecer a realidade circundante, sem deixar de lado as expressões da cultura atual.

No Capítulo 3, apresentamos um breve histórico da tradição dialética, que teve vários desdobramentos no decorrer da história da filosofia e avaliamos as diferenças metodológicas entre as abordagens de Hegel e Marx. Na sequência, tratamos da metodologia proposta por Foucault com base em uma arqueologia das instituições e uma genealogia dos discursos, o que nos possibilita compreender instituições e tendências morais na atualidade. Em seguida, abordamos a tendência analítica (que fundamenta seu método nas discussões que abrangem a lógica e a linguagem para a superação de impasses metafísicos) e a filosofia continental, caracterizada pelos estudos de fundamentação historicista e humanista.

Não é possível apreender as práticas de pesquisa antes de nos munirmos de certa fundamentação teórica acerca de alguns dos métodos filosóficos tradicionais. A partir do Capítulo 4, apresentamos métodos de leitura filosófica, desde sua organização material até o estudo de ferramentas de interpretação textual, para que sejamos capazes de fazer uma leitura crítica dos textos filosóficos.

No Capítulo 5, explicamos o desenvolvimento da pesquisa filosófica em si, apresentando os procedimentos para a elaboração da pesquisa acadêmica em seus gêneros textuais mais utilizados. Tratamos desde os procedimentos para a definição de temas e problemas de pesquisa, passando pelo levantamento bibliográfico e pela elaboração do projeto de pesquisa até a escrita da pesquisa acadêmica.

No Capítulo 6, apresentamos a sistemática da produção e da publicação da pesquisa em filosofia, as agências de fomento envolvidas no estímulo e no monitoramento da qualidade da produção filosófica atual. Ciente desse funcionamento, você pode buscar vias de publicação em diversas modalidades de veículos especializados na área da filosofia.

Ao final de cada um desses capítulos, trazemos exercícios tanto de revisão quanto de elaboração de projetos de pesquisa e desenvolvimento da pesquisa filosófica em si.

Esperamos que sua leitura seja proveitosa e que, ao final, você tenha avançado em seu desenvolvimento pessoal.

Bons estudos!

como aproveitar ao máximo este livro

Empregamos nesta obra recursos que visam enriquecer seu aprendizado, facilitar a compreensão dos conteúdos e tornar a leitura mais dinâmica. Conheça a seguir cada uma dessas ferramentas e saiba como estão distribuídas no decorrer deste livro para bem aproveitá-las.

Introdução do capítulo

Logo na abertura do capítulo, informamos os temas de estudo e os objetivos de aprendizagem que serão nele abrangidos, fazendo considerações preliminares sobre as temáticas em foco.

Síntese

Ao final de cada capítulo, relacionamos as principais informações nele abordadas a fim de que você avalie as conclusões a que chegou, confirmando-as ou redefinindo-as.

Atividades de autoavaliação

Apresentamos estas questões objetivas para que você verifique o grau de assimilação dos conceitos examinados, motivando-se a progredir em seus estudos.

Atividades de aprendizagem

Aqui apresentamos questões que aproximam conhecimentos teóricos e práticos a fim de que você analise criticamente determinado assunto.

Bibliografia comentada

Nesta seção, comentamos algumas obras de referência para o estudo dos temas examinados ao longo do livro.

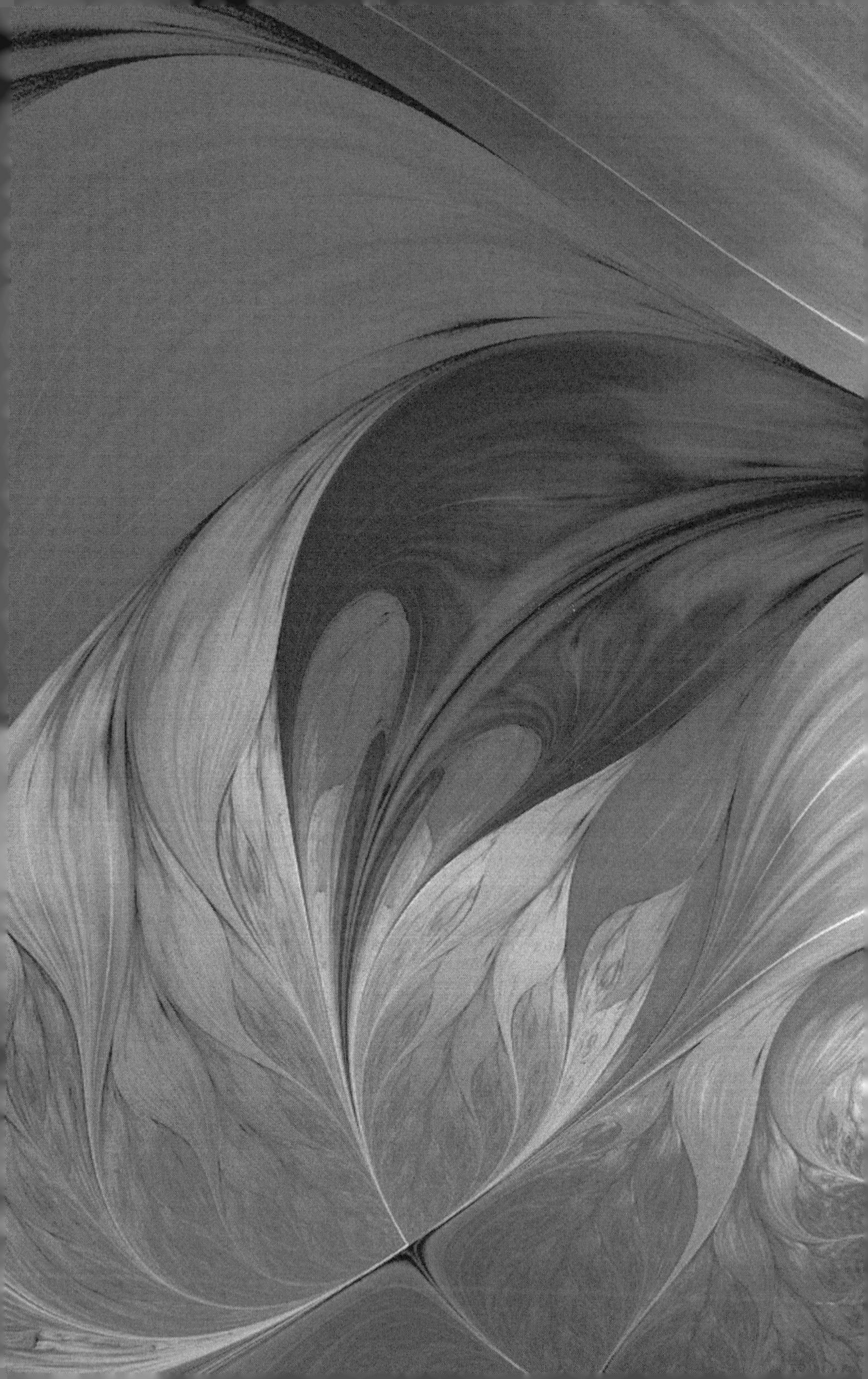

1
Características da investigação filosófica

Neste capítulo, apresentamos as características próprias da filosofia a fim de que você possa compreender a relação entre a prática de pesquisa e o ato de filosofar. Nesse sentido, abordamos algumas de suas características gerais para então analisar o campo de atuação da investigação filosófica e sua relação com diversas áreas. Por fim, problematizamos a ideia de consenso como algo ameaçador à atividade reflexiva.

1.1
Peculiaridades da investigação filosófica

Ao tratar da origem da atividade filosófica, boa parte dos manuais faz menção à metafísica aristotélica no que diz respeito a nosso impulso por conhecer. Aristóteles (384 a.c.-322 a.c.) dizia que a filosofia nasce do espanto. Trata-se, entendia ele, de um certo impulso natural à compreensão. Para comprovar essa tese, basta observarmos as investigações de campos como a psicologia e a neurologia. Ou, se quisermos partir de um argumento de senso comum, vale observar a curiosidade das crianças e seu entusiasmo em vasculhar todos os fenômenos que as cercam, fazendo perguntas sobre eles.

Podemos dizer que não houve época na história com tanto acesso à informação quanto hoje. Notícias são reproduzidas por diversas ferramentas, de rádios a celulares, de jornais impressos a redes sociais. Contudo, em vez de democratizar o conhecimento, os meios de comunicação se tornaram difusores de proposições de senso comum e fortalecedores de dogmas e crenças. Perigos já anunciados pelos frankfurtianos em meados do século XX tomaram proporções inesperadas dado o desenvolvimento da parafernália midiática. Nesse contexto, a filosofia ressignifica seu papel de superação doxástica.

Tales, Anaximandro e Anaxímenes foram os primeiros a formular respostas racionais (no sentido de se constituírem por meio de lógica e evidência) para perguntas como "Qual é a origem das coisas?", sem recorrer a argumentos mitológicos. A importância desses pensadores está também na forma como respondiam a tais questões.

O método adotado por Sócrates (469 a.C.-399 a.C.) consistia em perguntar aos interlocutores sobre suas opiniões (no sentido doxológico), o que os colocava sob contestação. Tal movimento possibilitava que eles abandonassem a fragilidade de seus argumentos e formulassem novas posições a respeito de diversos temas.

Descartes (1596-1650), em suas afamadas *Meditações metafísicas*, propõe que o passo inicial de um método que assegure um conhecimento claro e distinto deva residir no exercício de duvidar dos fundamentos de nosso conhecimento. A dúvida teria o papel análogo ao de explosivos depositados nas fundações de um edifício: se esses princípios forem frágeis, transformarão toda a construção em ruínas.

Poderíamos citar uma série de exemplos ao longo da tradição filosófica ocidental; no entanto, basta indicar que há uma marca geral que permeia todos os seus métodos – o esforço de superar as posições tradicionais acerca de um sem-número de objetos de investigação. Essas tentativas colocam o pensamento em movimento, o que não se reduz a abstrações engenhosas e elegantes, mas a situações capazes de transformar a realidade.

Filosofar consiste em radicalizar as perguntas e sistematizar as respostas, ou seja, engajar-se em conhecer a realidade para além do que ela aparenta ser e em contestar as compreensões tradicionais acerca dela. Para tanto, recorre-se a uma série de métodos e características específicas.

Nos tópicos a seguir, pontuamos o sentido espontâneo e inevitável da filosofia e suas características inerentes, desenvolvidas ao longo de séculos de esforços e interlocuções.

1.1.1 Espontaneidade do filosofar

Paulo Carosi (1962) faz uma analogia entre a postura do filósofo, que precisa ter ciência de onde está para poder prosseguir em sua trajetória com segurança, e a personagem principal do livro *Alice no país das Maravilhas*, de Lewis Carroll, que se perde em um mundo encantado, para o qual foi transportada ao cair em uma toca de coelho. No entanto, o único mundo ao qual o filósofo tem acesso é este que o cerca, que constantemente provoca curiosidade, espanto e maravilhamento nos seres humanos, o que naturalmente suscita perguntas – assim, como aconteceria com Alice na história de Carroll.

É fato que a maioria das pessoas tem esse impulso à curiosidade, mas o reprime por conta das preocupações da vida ordinária, embora ele nunca desapareça completamente. Aquele que se dedica à atividade de filosofar tem a oportunidade de aprimorar e renovar esses estímulos. Desse modo, as incógnitas acerca da realidade e de nós mesmos são a força motriz do filosofar.

1.1.2 Inevitabilidade do filosofar

Qualquer pessoa tem, como preocupação primeira, a questão da vida. Estamos inseridos no mundo e fadados a nos engajarmos nele. Isso significa, como indicam as contribuições da filosofia existencialista, fazer escolhas, articular ações, administrar desejos, e assim por diante. É inevitável que façamos isso com base no que Searle (2002) chamaria de *background* (ou pano de fundo), ou seja, uma cultura que nos antecede e na qual nos inserimos.

> Pensar deste ou daquele modo significa julgar e escolher segundo certos princípios. Os homens, em geral, vendo o gato faminto que devora o rato, pensam que a sorte do gato é melhor do que o coitado do rato. A esse juízo e a esse sentimento está subjacente uma determinada filosofia, a saber: que a vida é melhor que a morte. Mas um pessimista coerente, para quem a vida é um supremo mal, deveria lastimar o gato faminto que, comendo o rato ou outro alimento, prolonga para si mesmo o referido mal; e deveria invejar o rato, que dele finalmente se libertou; não se compreende até porque não o imite, deixando-se morrer de fome. (Carosi, 1962, p. 14)

Mesmo para investigar a necessidade da filosofia, sua valorização ou suas limitações, é necessário filosofar. Por exemplo, quem argumenta que a filosofia não tem uma finalidade prática ou que não é necessário filosofar deve demonstrar sua posição usando argumentos racionais; desse modo, até quem defende essa tese deve recorrer à filosofia. Vejamos o que Bertrand Russel (2017, p. 12) afirma sobre a filosofia:

> Para determinar o valor da filosofia, devemos em primeiro lugar libertar nossas mentes dos preconceitos dos que são incorretamente denominados de homens "práticos". O homem "prático", como esta palavra é frequentemente empregada, é alguém que reconhece apenas as necessidades materiais, que compreende que o homem deve ter alimento para o corpo, mas se esquece que é necessário procurar alimento para o espírito[1]. Se todos os homens vivessem bem; se a pobreza e as enfermidades já tivessem sido reduzidas o máximo possível, ainda haveria muito a fazer para produzir uma sociedade verdadeiramente válida; e mesmo neste mundo os bens do espírito são pelo menos tão importantes quanto os bens materiais. É exclusivamente entre os bens do espírito que o valor da filosofia deve ser procurado; e só os que não são indiferentes a esses bens podem persuadir-se de que o estudo da filosofia não é perda de tempo.

A vontade e as ações pressupõem princípios, perspectivas e ideias, de modo que toda ação moral tem finalidade(s) específica(s). Em qualquer momento histórico, as populações que se rebelaram contra regimes tirânicos, por exemplo, foram orientadas por intenções preexistentes. A filosofia, portanto, é necessária para a humanidade, pois é o instrumento que nos leva a pensar e a agir. Desse modo, em um sentido mais

---

1 É necessário apontar um equívoco de tradução, tendo em vista que, na escrita original do texto (de 1912), Russell usa o termo *mind*. Evidentemente, a tradução mais apropriada para o português residiria no uso do termo *mente*, e não *espírito*, de modo que Russell era um crítico da metafísica tradicional.

abrangente de filosofia, é inevitável refletir para localizarmo-nos no mundo como sujeitos e definirmos os rumos de nossas ações.

Não obstante, devemos ressaltar que a pesquisa em filosofia tem o papel de sobrepor-se às perspectivas costumeiras, sejam elas provenientes do senso comum, sejam elas provenientes do pensamento científico. Marilena Chaui, filósofa brasileira da atualidade, chama a atenção para a característica negativa da filosofia. O primeiro passo para filosofar reside na possibilidade de negar a realidade aparente ou os discursos preestabelecidos. Essa postura negativa não deve se encerrar recaindo em um ceticismo radical; pelo contrário, deve sempre propor uma possibilidade de superação. Por exemplo, Platão (428 a.C.-347 a.C.), ao negar a possibilidade de conhecer a realidade sensível, tendo em vista as limitações de nosso conhecimento, propõe uma ontologia das ideias, por meio das quais é possível se conhecer[2]. De modo análogo, ao dizer que a dúvida deve ser o primeiro passo adotado para que possamos chegar ao conhecimento seguro acerca de qualquer coisa, Descartes retoma essa conduta negativa diante da realidade e passa a questionar se os princípios do conhecimento são capazes de resistir à radicalização

---

2 A abordagem platônica, no que diz respeito à questão do conhecimento, remonta ao embate envolvendo as teses de Heráclito (540 a.C.-470 a.C.), filósofo pré-socrático considerado o pai da dialética, e Parmênides (510 a.C.-445 a.C.) filósofo grego da Antiguidade, considerado o primeiro pensador a discutir questões relativas ao ser. Para Heráclito, o único elemento perene na natureza é o devir (movimento), que está presente em todas as coisas. Para Parmênides, não é possível conhecer algo que se movimenta, pois em um momento é e em outro deixa de ser. A saída de Platão é apresentar uma dicotomia do real, definida por seus intérpretes do seguinte modo: há um mundo sensível e mutável, portanto, imperfeito, pelo qual não se pode conhecer a verdade, e outro, suprassensível, imutável e perfeito, no qual se encontra a verdade. O que somos capazes de perceber no mundo sensível são meras cópias imperfeitas dos modelos universais e imutáveis do mundo suprassensível.

da dúvida e se são úteis ao processo de conhecer. Caso não resistam, é necessário chegar a novos princípios.

> Aplicar-me-ei seriamente e com liberdade a destruir em geral todas as minhas antigas opiniões. Ora, não será necessário, para atingir esse propósito, provar que elas todas são falsas, o que talvez jamais realizasse até o fim; mas, visto que a razão já me persuade de que não devo menos cuidadosamente impedir-me de acreditar nas coisas que não são inteiramente certas e indubitáveis do que nas que nos parecem ser manifestamente falsas, a menor razão de duvidar que eu nelas encontrar será suficiente para me fazer rejeitá-las todas. E, para isso, não é necessário que eu examine cada uma em particular, o que seria um trabalho infinito; mas, como a ruína dos fundamentos traz necessariamente consigo todo o resto do edifício, atacarei inicialmente os princípios sobre os quais todas as minhas antigas opiniões estavam apoiadas. (Descartes, 2009, p. 154)

Essa característica possibilita que o conhecimento e a cultura se transformem e superem uma série de erros. Nesse sentido, podemos recorrer a uma metáfora da astronomia. Ptolomeu (90-168) afirmou que a Terra é o centro do universo e os demais astros giram em torno dela. Em um primeiro momento, parece uma alegação sensata e convincente, pois, quando observamos o céu, temos a impressão de que o Sol é um astro distante e que orbita ao redor do nosso planeta. No entanto, sabemos que, à medida que nos distanciamos, os objetos parecem menores. O mesmo não deveria ocorrer com o Sol? Ele não parece pequeno pelo fato de estar muito distante de nós? Se ele estivesse próximo, seu calor não seria insuportável? Essas perguntas, que parecem simples de nosso ponto de vista histórico, foram respondidas somente no século XVII, em decorrência dos esforços de Johannes Kepler (1571-1630), astrônomo alemão e Galileu Galilei (1564-1642) físico, matemático e astrônomo italiano. As contribuições da modernidade foram possíveis em razão das rupturas paradigmáticas. A vontade de mudança implicou o desenvolvimento de instrumentos como as lentes, as quais nos permitiram tanto observar a realidade distante com auxílio dos telescópios projetados por Galileu e Newton (1643-1727) quanto ampliar o mundo microscópico com a ajuda das lentes de aumento. A invenção da imprensa tornou possível a expansão do alcance das obras, o que permitiu o envolvimento de mais pessoas em campos como a ciência e a filosofia.

Vejamos como Bertold Brecht (1898-1956) retrata as expectativas de Galileu em uma de suas peças teatrais:

> Há dois mil anos a humanidade acredita que o Sol e as estrelas do céu giram em torno dela. O papa, os cardeais, os príncipes, os sábios, capitães, comerciantes, peixeiras e crianças de escola, todos achando que estão imóveis nessa bola de cristal. Mas agora nós vamos sair, Andrea, para uma grande viagem. Porque o tempo antigo acabou, e começou um tempo novo. Já faz cem anos que a humanidade está esperando alguma coisa. As cidades são estreitas, e as cabeças também. Superstição e peste. Mas veja o que se diz agora: se as coisas são assim, assim não ficam. Tudo se move, meu amigo. (Brecht, 1991, p. 57)

Apesar de a obra de Brecht ser literária, vários de seus escritos podem nos auxiliar a refletir sobre filosofia. A representação de Galileu exposta nesse trecho traz à tona a questão do movimento (**devir**) e seus impasses com a noção de razão (**logos**). Essa dualidade está presente na tradição filosófica ocidental desde Heráclito e Parmênides, de modo que temos dificuldade de adequar uma ontologia das ideias (num sentido platônico) à realidade mutável.

As contribuições dos pré-socráticos no que diz respeito à ideia de *arché* (origem) eram de natureza fisicalista, ou seja, a compreensão do mundo era explicada de um ponto de vista natural. Advém dessa tradição a relação entre entendimento e realidade, que seria debatida mais profundamente pelos pensadores do período clássico da filosofia antiga. A noção de *ideia* comporta, em sua etimologia (*eidos*), o sentido de imagem, capaz de representar algo, remeter a algo ou significar algo. O conceito remonta aos impasses entre a teoria platônica de *extromissão* (as ideias têm estatuto ontológico, mas existem independentemente de nós ou fora de nós) e a noção aristotélica de *intromissão* (o conhecimento ocorre pelo processo de abstração do mundo externo por meio dos sentidos). De qualquer modo, entendemos por *ideia* a interface entre o intelecto e a realidade, o que nos leva a perguntar sobre as limitações do intelecto em conhecer o mundo – decorre daí que a noção de *agonística*[3] pode contribuir para resolvermos alguns impasses conceituais.

Os gregos entendiam o universo como uma hierarquia de poderes comparável à organização das sociedades humanas, complexas, conflituosas e antagônicas. Nesse sentido, não havia possibilidade de conceber um equilíbrio imutável, mas sim encoberto de oposições, tais quais as mudanças de estações e os ciclos de vida e morte.

Ao perceberem que a realidade se compõe de criação e destruição, os gregos cunharam a imagem de Ares, o deus da guerra, tendo como companheira Afrodite, a deusa do amor. Essa união representa a força destruidora da natureza que se acalma na primavera. Hades, o deus dos infernos e das mortes, habitava a terra em que, de modo contraditório, era capaz de trazer equilíbrio à fecundidade do solo.

Assim como os deuses ou a natureza, os homens travam embates entre si, procuram estabelecer conceitos tais quais o de justiça, que, como observado por Heráclito, nada mais é do que o estabelecimento de um consenso entre partes ambivalentes.

Albert Camus (1913-1960) chama a atenção para o fato de que o pensamento trágico não entendia que os deuses e os homens estavam em ambientes distintos, como a divisão metafísica da tradição judaico-cristã,

---

3 *Agôn*: substantivo masculino derivado do verbo *agon*, que significa empurrar, conduzir, incitar.

mas partiam do pressuposto de que há um logos capaz de organizar o caos eternamente.

O pensamento agonístico, na atualidade, foi revivido nas reflexões de Max Weber, e no liberalismo de Isaiah Berlin. Segundo esse pensador, que morreu em 1997, a filosofia ocidental abraçou a ideia de que o mundo e a sociedade podem ser explicados por uma única e fundamental estrutura inteligível. Essa estrutura pode ser os números pitagóricos, as ideias platônicas, o logos dos estoicos, Deus para os cristãos, a natureza com suas leis determinísticas, segundo a ciência moderna, ou ainda a luta de classes e a sequência dos modos de produção, conforme a visão marxista. Esse padrão monista não se concilia com a ideia de que os valores são plurais, incomensuráveis entre si e muitas vezes inconciliáveis, impedindo a existência de uma síntese entre todos, pois que uns entram em conflito com outros, da mesma forma que a igualdade extrema elimina a liberdade, ou que a liberdade sem freios termina por aniquilar a diversidade. A ideia de que a História obedece a leis, de que cada ação humana se explica a partir de padrões necessários, pressupõe um fascínio pelas ciências naturais vistas por uma ótica positivista e já superada pelas epistemologias falibilistas do século passado, inauguradas pela obra de Karl Popper. Se Berlin tem razão, o máximo que se pode fazer é organizar o conflito, torná-lo restrito ao mundo da retórica, não permitindo que a violência substitua os argumentos. (Camerino, 2015, p. 147-148)

O historiador e antropólogo francês Jean-Pierre Vernant (1914-2007) chama a atenção para o fato de que a pólis grega é organizada levando-se em consideração os princípios de logos (razão), que tem o papel de orientar os embates realizados na ágora para definir a vida política, e de agonística, reconhecendo-se o estatuto ontológico do conflito. Desse modo, a própria filosofia nasce e se compõe pelo reconhecimento do devir.

O intelecto é capaz de criar um simulacro do real e entender os fenômenos para além do que eles aparentam ser. Conhecer a realidade significa conhecer as transformações inerentes a ela. As transformações e os conflitos constituem o real, e o intelecto é capaz de compreender esses padrões por meio de métodos específicos. Cada método tem limitações peculiares; no entanto, cabe à filosofia questionar não só a compreensão aparente do mundo, mas também os próprios métodos utilizados para conhecê-lo.

1.2
Filosofia e senso comum

O senso comum é o conhecimento ordinário a respeito da realidade, o qual não exige esforço de consciência e sistematização. Precisamos ter cautela ao avaliar as proposições de senso comum, pois elas remontam a nossa primeira forma de conhecer. No entanto, a filosofia tem o papel de investigar até que ponto essas proposições são válidas, bem como avaliar suas extensões, suas raízes e seus erros.

Nesse âmbito, o filósofo não tem uma posição tão privilegiada quanto a do historiador e a do cientista. O historiador pode encontrar evidências capazes de transformar as posições a respeito de um fato. O cientista tem acesso a mecanismos de observação eficazes para uma investigação. O principal recurso do filósofo é seu cérebro, assim como qualquer outro ser humano.

A filosofia não detém todo o conhecimento da humanidade, mas é capaz de pensar diversamente das interpretações predominantes, recorrendo a uma série de métodos investigativos que podem evidenciar falácias, incoerências e limitações.

As convicções sustentadas pelas massas têm uma natureza não filosófica. Ao filósofo cabe o papel de investigá-las e ordená-las cientificamente. Paul van Tongeren (2012) ressalta a interpretação de Nietzsche (1844-1900) acerca do papel do filósofo como médico da cultura. Nesse sentido, o filósofo é médico e paciente de si, pois ele mesmo se encontra inserido na cultura que investiga. O método nietzschiano se desenvolve por um procedimento interrogativo da cultura, de si mesmo e do próprio ato de interrogar.

> As perguntas de Nietzsche se desenvolvem partindo de uma técnica com a qual ele traz à tona uma exposição retoricamente estruturada, passando por uma retórica técnica, a fim de chamar atenção do leitor a determinadas perguntas, passando também então por perguntas que se tornam cada vez mais duvidosas e desconfiantes, nas quais o próprio perguntar se converte em objeto de investigação, chegando, por fim, à condição em que o perguntar se torna expressão de uma postura existencial do espírito livre, quando ele próprio nem sequer mais coloca as perguntas, mas antes que experimenta a si mesmo como "um local de encontros [...] de perguntas e interrogações", ali onde não é mais claro "quem de nós [...] aqui é Édipo, quem é a esfinge?". (Van Tongeren, 2012, p. 281)

É importante dizer que a filosofia não deve se render como administradora de consensos. O consenso não é critério confiável para estabelecer se algo é verdadeiro. Desse modo, todo aquele que se dedica a filosofar deve estar comprometido a analisar, em todos casos, as afirmações de senso comum, pois, quando incorrem em erro, elas têm o potencial de amplificar o erro em massa. Mas como questionar o senso comum?

> As convicções da vida comum e a filosofia, em oposição entre si, não podem ser ambas verdadeiras, como não podem ser ambas verdadeiras a ciência experimental e a filosofia, a teologia e a filosofia, quando se opõe. A afirmação: "Sou livre" não pode ser verdadeira segundo as convicções da vida e falsa segundo a filosofia; seguir-se-ia que a mesma coisa seria e não seria, contra o princípio da não contradição. Logo, haverá falsidade, ou da parte das convicções comuns ou da parte da filosofia; e, salvo prova em contrário, presume-se que seja falsa a filosofia. (Carosi, 1962, p. 16)

A lógica é uma das áreas da filosofia que fornece ferramentas importantes para a atividade filosófica, entre elas, o princípio aristotélico do terceiro excluído, segundo o qual uma coisa não pode ser e não ser ao mesmo tempo.

> Ora, o ponto de partida em relação a todos estes não é exigir que se diga que algo é ou não é (pois alguém poderia tomar isto como sendo reclamar o que provém do princípio [cometer uma petição de princípio]), mas que, ao menos, signifique algo para si mesmo e para outro, pois isto é necessário se diz algo. Se não, esta mesma não falaria, nem de si para si nem para outras. Porém, ao conceder isso [significar algo], haverá demonstração, pois já haverá algo definido. (Aristóteles, citado por Cassin, 2005, p. 384)

De acordo com esse princípio, seria inconcebível um indivíduo, na condição de ser humano comum, pensar de um modo na vida ordinária e de outro como filósofo. Assim, o filósofo tem a valorosa possibilidade de descobrir que estava enganado, chegando à conclusão de que são falsas muitas das coisas que entendia por verdadeiras.

1.3
Filosofia e outras modalidades de conhecimento

A filosofia difere de outras ciências, pois a filosofia é a ciência do todo. Em outras palavras, ao contrário das demais ciências, a filosofia não tem um objeto de pesquisa específico. As ciências investigam partes do todo e, nesse sentido, são paralelas à filosofia, pois se preocupam com algum elemento sobre o qual os filósofos já se preocuparam. Portanto, só se pode distinguir a filosofia de outras ciências por meio da definição do objeto formal de estudos e do método adotado para estudá-lo. Nas palavras de Comte (1988, p. 12):

> Formar, assim, do estudo de generalidades científicas uma seção distinta do grande trabalho intelectual é simplesmente estender a aplicação do mesmo princípio de divisão que, sucessivamente, separou

as diversas especialidades. Enquanto as diferentes ciências positivas foram pouco desenvolvidas, suas relações mútuas não podiam possuir bastante importância para dar lugar, ao menos duma maneira permanente, a uma classe particular de trabalho, ao mesmo tempo em que a necessidade desse novo estudo era muito menos urgente. Mas hoje cada uma dessas ciências tomou separadamente extensão suficiente para que o exame de suas relações mútuas possa dar lugar a trabalhos contínuos, ao mesmo tempo em que essa nova ordem de estudos torna-se indispensável [...]. Tal é a maneira pela qual concebo o destino da filosofia positiva no sistema geral das ciências positivas propriamente ditas. Tal é, ao menos, a finalidade deste curso.

Depois de ter feito essa distinção geral, é possível considerarmos as relações entre a filosofia e outras ciências. Essas relações podem ser de auxílio, dependência ou interdependência. Apesar da diversidade de relações, todas elas se encontram engajadas em estabelecer a verdade, de modo que, como dissemos, verdade não se opõe a verdade – não se concebe que algo seja verdadeiro cientificamente e falso filosoficamente ou vice-versa.

Apesar de apontar algumas das relações entre a filosofia e outras ciências a seguir, esta obra não aprofundará essa abordagem.

1.3.1 Filosofia e matemática

A filosofia e a matemática mantêm uma série de interlocuções desde Pitágoras (ca. 570 a.C.-490 a.C.), passando por Descartes – que defendeu, em seu método, a necessidade das especializações, sendo que até então era difícil distinguir o filósofo do cientista – até filósofos mais recentes, como Frege (1848-1925), Russell, Wittgenstein (1889-1951) e os pensadores do Círculo de Viena.

No entanto, essas duas áreas do conhecimento desenvolvem perspectivas diferentes no que diz respeito ao mesmo objeto material: o número. Em filosofia, o número é um problema de ordem ontológica.

Em matemática, os números são entidades existentes em si. Vejamos como Russell (2006, p. 24) se refere ao problema da definição de número:

> Ao buscarmos uma definição de número, a primeira coisa a esclarecer é aquilo que podemos chamar a gramática da nossa indagação. Muitos filósofos, ao tentarem definir número, dedicam-se, na realidade, ao trabalho de definir pluralidade, que é coisa muito diferente. Número homem é o que é característico dos números, como é o que é característico dos homens. Uma pluralidade não é um exemplo de número, mas de algum número determinado. Um trio de homens, por exemplo, é um exemplo do número, e o número é um exemplo de número; mas o trio não é um exemplo de número. Este ponto poderá parecer elementar e dificilmente digno de ser mencionado; no entanto, provou ser excessivamente útil para os filósofos, com poucas exceções.

1.3.2 Filosofia e ciências da natureza

As ciências da natureza têm como objeto de estudo os elementos perceptíveis e controláveis pela experiência. Seus métodos se desenvolvem no campo do empirismo. Mesmo quando apresentam explicações, as ciências naturais são redutíveis a descrições de fenômenos. A filosofia leva em consideração as limitações dos métodos das ciências da natureza, buscando estabelecer suas causas e seus fins últimos.

É possível afirmar que ambas as áreas podem desenvolver-se independentemente, apesar de identificarmos uma série de relações entre elas. Por vezes, filosofia e ciências naturais se retroalimentam – há um trânsito de conceitos que tem sido absorvido pelas metodologias utilizadas, de modo que as ciências chegam a impasses filosóficos e a filosofia investiga as explicações científicas.

> A filosofia e as ciências naturais são perspectivas parcialmente autônomas. Isso quer dizer que não é necessário desenvolver uma para pensar se a outra. Mas, ao fim e ao cabo, as reflexões universais só podem ser colocadas de modo preciso se temos alguma compreensão

adequada de que problemas nos interessam em específico. Assim, por exemplo, perguntar "o que são leis da natureza?", que é uma pergunta essencialmente geral, precisa contar com uma compreensão de como as ciências naturais têm pensado o problema da colocação de leis. De modo diverso, as ciências têm usado conceitos filosóficos, com categorias obviamente universais, de um modo mais aberto. Hoje a Física fala em conceitos como "eternidade", "tempo" e a Biologia fala de "vida" e "natural", termos que têm uma energia que engloba todo o mundo natural e são questões também filosóficas. Estas questões filosóficas são tão fundamentais para o desenvolvimento das ciências que os melhores físicos e biólogos de nossa geração têm se ocupado com reflexões filosóficas de suas atividades. Isso fica claro do lado da física as inúmeras publicações de Einstein sobre a cosmovisão e de Heisenberg sobre a relação Física e Filosofia, e também as publicações mais tardias de Mayr sobre conceitos filosóficos da Biologia. (Pettersen, 2019, p. 2)

Há disponível na internet uma série de publicações envolvendo a filosofia e áreas como a física e a biologia que evidenciam a contribuição entre esses diferentes campos do conhecimento.

1.3.3 Filosofia e ciências cognitivas

Por meio de campos como a teoria do conhecimento e a epistemologia, a filosofia estabelece diálogo com as ciências cognitivas das últimas décadas, inserindo-se nas interlocuções das áreas, tais como a inteligência artificial, a psicologia, a neurologia e a linguística. A reflexão filosófica alcança campos em que essas ciências ainda são míopes ou incapazes de articular suas interlocuções de forma inteligível.

Sobre essas relações, vejamos o que diz Howard Gardner (1995, p. 54):

Vejo em ação um processo dialético, no qual os filósofos propõem certas indagações, disciplinas empíricas aparecem na tentativa de respondê-las, e então os filósofos cooperam com os cientistas empíricos na interpretação dos resultados e no estabelecimento de novas linhas de trabalho. As questões levantadas por Descartes e seus contemporâneos tornaram-se enfim, depois de alguns séculos, objeto de estudo de psicólogos, linguistas e neurocientistas; na verdade, as reflexões de Descartes sobre a possibilidade de os seres humanos serem autômatos são centrais para a inteligência artificial hoje. À luz dos resultados empíricos, os filósofos muitas vezes reconceituaram fundamentalmente as questões a que se dedicavam; e estas reconceituações, por sua vez, sustentaram e dirigiram o trabalho empírico e ajudaram em sua interpretação. Em vez de serem os supremos árbitros ou as supremas vítimas do trabalho científico, os filósofos têm sido (e continuarão a ser) importantes auxiliares no estudo científico da cognição.

A filosofia da linguagem no século XX se desdobra (por questões epistemológicas envolvendo a semântica) em uma área filosófica nova chamada *filosofia da mente*, no qual expõe problemas clássicos da tradição filosófica por meio das recentes interfaces das ciências cognitivas.

1.3.4 Filosofia e história

Não devemos confundir filosofia da história com história da filosofia. A primeira avalia a história, reflete sobre seus problemas e pode se apoiar nas ciências históricas para realizar essas reflexões. A segunda investiga o desenvolvimento da própria filosofia (por meio de seus pensadores) ou dos problemas clássicos da tradição.

Citamos aqui alguns exemplos de filósofos que se debruçaram sobre a história para a elaboração de suas teses. Hegel (1770-1831), por exemplo, desenvolveu sua perspectiva sobre a noção de logos promovendo o encontro entre o idealismo e o realismo pela leitura dialética: trata-se de uma abordagem que parte do idealismo para uma leitura da realidade. Marx (1818-1883) inverte a lógica hegeliana ao afirmar que a dialética remonta à ordem material dos acontecimentos.

> Marx substitui o idealismo de Hegel por um realismo materialista: "na produção social da sua vida, os homens contraem determinadas

relações necessárias e independentes da sua vontade, relações de produção que correspondem a uma determinada fase de desenvolvimento das suas forças produtivas materiais. O conjunto dessas relações de produção forma a estrutura econômica da sociedade, a base real sobre a qual se levanta a superestrutura jurídica e política e à qual correspondem determinadas formas de consciência social. O modo de produção da vida material condiciona o processo da vida social, política e espiritual em geral. Não é a consciência do homem que determina o seu ser, mas pelo contrário, o seu ser social é que determina a sua consciência" [...]. A dialética de Hegel fechava-se no mundo do espírito, e Marx a inverte, colocando-a na terra, na matéria. Para ele, a dialética explica a evolução da matéria, da natureza e do próprio homem; é a ciência das leis gerais do movimento, tanto do mundo exterior como do pensamento humano. (Gadotti, 1990, p. 19)

Michel Foucault se apoia na história para estabelecer uma arqueologia das instituições e realizar uma genealogia dos fatos. Não basta, segundo ele, limitar-se à descrição dos fatos históricos: é necessário entender os engendramentos dos discursos, pois são eles que balizam os comportamentos, organizam as instituições e se instauram pelo poder.

Desta maneira, Foucault (1996) vai aprofundando sua análise através do entendimento das condições que possibilitaram o surgimento e permanência de determinadas práticas discursivas, através da genealogia. Tal perspectiva possibilita a compreensão dos enunciados, ou melhor, da formação discursiva como construção histórica, valorizando as condições abertas no ambiente – características e necessidades existentes – que produzem ou permitem a emergência desta mesma prática discursiva como dispositivo de poder, já que: "A genealogia, como análise da proveniência está (...) no ponto de articulação do corpo com a história. Ela deve mostrar o corpo inteiramente marcado de história e a história arruinando o corpo". (Faé, 2004, p. 410)

Além das linhas de estudo apresentadas, há uma série de abordagens filosóficas da história. Sem essas relações elementares para o exercício da reflexão, corremos o risco de reduzir a ciência histórica à descrição de fatos, de forma análoga às ciências da natureza.

1.4
Extensão (ou limites) do conhecimento filosófico

A filosofia, ao contrário das outras ciências, carece de ferramentas empíricas, embora tenha o próprio empirismo, assim como outros métodos, como objeto de investigação. O filósofo tem apenas seu cérebro e as ferramentas metodológicas provenientes da tradição filosófica como instrumental para a reflexão.

No entanto, a filosofia pode dialogar com outros campos no questionamento dos métodos e das explicações, apoiar-se nas contribuições das ciências ou, ainda, apresentar proposições por meio dessas interlocuções.

De qualquer modo, é difícil imaginar os avanços da cultura ocidental devidos às ciências, artes ou instituições sem considerar as contribuições da filosofia e seus movimentos de interrogação e proposição. A reflexão filosófica alerta, de modo geral, para os riscos de reduzir as explicações científicas a elas mesmas.

> Como já sabemos, a ética tem a ver com o que Wittgenstein chamou "o sentido do mundo", "o problema da vida", "o sentido da vida". Precisamente por este motivo, não pode haver, estritamente falando, proposições de ética (6.42). A proposição afirma sempre a existência de um estado de coisas, mas, de acordo com o Tractatus, o sentido do mundo (da vida) não podem de forma alguma depender de estados de coisas que subsistam, ou seja, não pode depender de tais fatos. "Os fatos fazem parte todos do problema, não da solução" (6.4321). A proposição é apenas uma outra proposição; um fato é apenas mais um fato. Ou seja: nenhuma proposição, nenhum fato, traz-nos mais perto do sentido do mundo (da vida), ou nos afasta. Da mesma

forma, nenhuma proposição, nenhum fato, nos aproxima de Deus, ou nos afasta. "Deus não se revela no mundo" (6.432). (Perissinotto, 2010, p. 61)

Para além dos embates metodológicos, nenhuma ciência deve reduzir-se sem realizar considerações em relação a sua dimensão ética (sendo ela uma das disciplinas legitimamente filosóficas), pois, com isso, corre-se o risco de repetir ou criar atrocidades.

1.5
Valor da pesquisa em filosofia

A atividade de pesquisa em filosofia não se distingue do ato de filosofar. Não é concebível que uma dessas atividades exista sem a outra. O ato de filosofar não se justifica por uma dimensão pragmática, no sentido em que se entende praticidade corriqueiramente. A filosofia não transforma o mundo de forma imediata, mas transforma a existência dos sujeitos diante do mundo.

> A crítica de Proust toca no essencial: as verdades permanecem arbitrárias e abstratas enquanto se fundam na boa vontade de pensar. Apenas o convencional é explícito. Razão pela qual a filosofia, como a amizade, ignora as zonas obscuras em que são elaboradas as forças efetivas que agem sobre o pensamento, as determinações que nos forçam a pensar. Não basta uma boa vontade nem um método bem elaborado para ensinar a pensar, como não basta um amigo para nos aproximarmos do verdadeiro. Os espíritos só se comunicam no convencional; o espírito só engendra o possível. Às verdades da filosofia faltam a necessidade e a marca da necessidade. De fato, a verdade não se dá, se trai; não se comunica, se interpreta; não é voluntária, é involuntária. (Deleuze, 2003, p. 89)

A filosofia não produz tecnologia como a ciência, mas reflete-se nas explicações científicas e nas aplicações tecnológicas. A filosofia tem natureza antirreducionista, pois a descrição dos fenômenos não lhe é suficiente.

O filósofo tem o dever de denunciar as incoerências dos discursos-padrão, sejam eles de ordem científica, sejam eles de senso comum, pois, em ambos os casos, é capaz de evitar que um erro se replique. A reflexão filosófica pode realizar-se no confinamento de escritório por meio do diálogo com os textos, mas deve ultrapassar suas paredes, pois tem um papel social. Em sentido socrático, é impossível viver bem sem saber e refletir sobre o que é o bem.

Síntese

Neste capítulo, investigamos algumas características da atividade filosófica, compreendendo-a como um impulso natural, mas que não deve ser confundido com o senso comum nem com a administração de consensos, sendo eles um risco para a atividade filosófica. A noção de agonística pode bem representar um método de compreensão da realidade, indicando que tanto a natureza externa quanto as posições subjetivas e as perspectivas morais são fluidas, antagônicas e não consensuais. Nesse sentido, o filósofo ou o pesquisador em filosofia tem o papel de diagnosticar a cultura pela superação das visões tradicionais de mundo que podem incorrer em erros de interpretação da realidade. A filosofia não tem um objeto de estudo específico, mas um sem-número de percursos possíveis, o que demanda um esforço de compreensão desses métodos. A atividade filosófica é capaz de promover relações com vários campos do conhecimento, estando comprometida a esclarecê-los e apontar suas limitações e contradições. No âmbito da natureza da filosofia (se é possível indicar somente uma) e de sua interlocução com diversas áreas, é possível identificar a atividade filosófica como a prática de pesquisa em filosofia. Ou seja, não é possível filosofar fora de um método estritamente filosófico e contextualizado na cultura filosófica acerca deste ou daquele tema.

Atividades de autoavaliação

1. A pesquisa em filosofia se confunde com o próprio ato de filosofar porque:
    I) conhecer é um impulso inevitável do homem.
    II) o conhecimento filosófico não deve se confundir com o conhecimento de senso comum.

III) a filosofia só é possível com base na sistematização metódica de ideias, e isso é realizável por meio da pesquisa acadêmica.

IV) a reflexão filosófica se demonstra incapaz de esclarecer os temas misteriosos que cercam a realidade.

Completam corretamente a afirmação do enunciado:
a) apenas as proposições I e II.
b) apenas as proposições I e III.
c) apenas as proposições I e IV.
d) apenas as proposições I, II e III.
e) apenas as proposições III e IV.

2. Acerca da noção de agonística grega, assinale a alternativa correta:
   a) A filosofia tem o papel de formar consensos.
   b) A realidade é estática, de modo que todas as leituras acerca dela devem ser imutáveis.
   c) A noção grega de agonística diz respeito à possibilidade de compreensão dos conflitos.
   d) Todas as teses filosóficas devem chegar às mesmas conclusões.
   e) Os métodos filosóficos garantem o consenso das conclusões entre os filósofos.

3. Analise as proposições a seguir a respeito das áreas de interesse da filosofia.
   I) A atividade filosófica é pautada por uma metodologia científica.
   II) Apesar das diferenças metodológicas, a filosofia se coloca como interlocutora de outros campos do conhecimento.
   III) A reflexão filosófica ocorre de maneira livre, seguindo o mesmo *modus operandi* do senso comum.
   IV) A filosofia se confunde com outras áreas do conhecimento.

Assinale a alternativa correta:

a) Apenas as proposições I e II são verdadeiras.
b) Apenas as proposições I e III são verdadeiras.
c) Apenas as proposições I e IV são verdadeiras.
d) Apenas as proposições II e III são verdadeiras.
e) Apenas as proposições III e IV são verdadeiras.

4. Qual das passagens a seguir é atribuída a Aristóteles?

a) Os fins justificam o meio.
b) Esclarecimento é a saída do homem da sua condição de menoridade.
c) A filosofia nasce do espanto.
d) O homem é escolha.
e) É impossível que um homem entre duas vezes no mesmo rio.

5. Quais foram os três primeiros filósofos?

a) Sócrates, Platão e Aristóteles.
b) Parmênides, Heráclito e Demócrito.
c) Heráclito, Leucipo e Demócrito.
d) Diógenes, Protágoras e Górgias.
e) Tales, Anaximandro e Anaxímenes.

Atividades de aprendizagem

Questões para reflexão

1. De que modo a filosofia se distingue de outras áreas do conhecimento? Apresente argumentos para sustentar sua resposta.

2. É possível afirmar que a pesquisa em filosofia se confunde com o próprio ato de filosofar? Argumente sobre sua resposta.

Atividade aplicada: prática

1. Uma ferramenta de pesquisa que tem sido amplamente usada é o mapa conceitual, idealizado pelo matemático Joseph Donald Novak. Que tal realizar um exercício de pesquisa e interpretação produzindo um mapa conceitual com base no artigo de uma revista filosófica conceituada? Você pode elaborá-lo manualmente ou por meio de uma das plataformas gratuitas para elaboração de mapas conceituais, como o Canva e o Lucidchart.

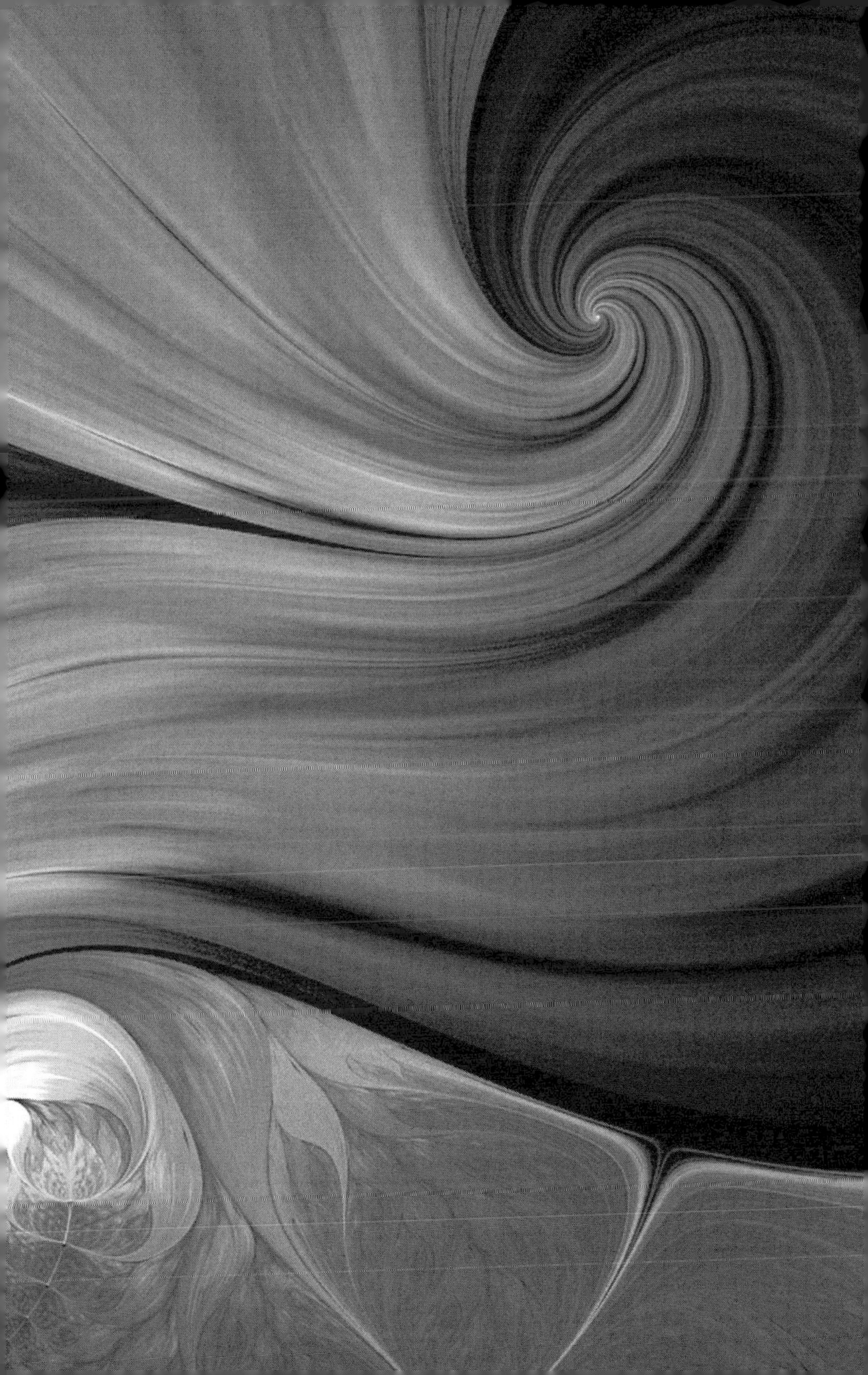

2

Técnicas e métodos de pesquisa em filosofia

Neste capítulo, temos o propósito de apresentar alguns dos percursos possíveis para a pesquisa em filosofia. Abordar todos eles seria uma tarefa impossível, dada a amplitude da tradição, mas pretendemos apontar alguns caminhos iniciais para auxiliar quem se inicia na pesquisa filosófica.

2.1
Martial Gueroult: estruturas dos sistemas filosóficos

O filósofo e historiador de filosofia francês Martial Gueroult (1891-1976) é associado ao estruturalismo em razão de sua proposta de método para a leitura de textos filosóficos. Em seu texto mais famoso, *Lógica, arquitetônica e estruturas constitutivas dos sistemas filosóficos* (publicado em 1957), Gueroult indica as articulações externas e as relações internas que vêm a compor um sistema filosófico. "Cada filósofo está convencido de que sua filosofia surge em total independência pela força de suas razões constituintes e que, desse modo, escapa ao determinismo das causas exteriores à implicação interna dos conceitos" (Gueroult, 2007, p. 237).

De acordo com Gueroult, a investigação filosófica consiste em dois momentos distintos. O primeiro deles se refere ao estabelecimento de um **problema**, por meio do qual se propõe uma **reforma do entendimento** pela universalização e pela sistematização dos conceitos usando os princípios da lógica, sendo esta, a lógica, a disciplina que estabelece os princípios racionais.

> Sendo, como a ciência, um esforço para conhecer e compreender o real, a filosofia institui, como ela, uma problemática. Todas as grandes doutrinas podem se caracterizar a partir de problemas: problema do uno e do múltiplo entre os pré-socráticos; problema da possibilidade da ciência e da predicação em Platão; problema das causas primeiras, da demonstração, do método geral das ciências da natureza em Aristóteles; problema do fundamento da física matemática em Descartes; problema do fundamento da possibilidade das ciências e da metafísica como ciência em Kant; problema dos vínculos entre a história e o racional em Hegel etc. (Gueroult, 2007, p. 235)

O segundo momento é de funcionamento de **novas estruturas**, no qual o pesquisador desenvolve os conceitos e articula as relações entre eles e as áreas da filosofia que pretende abordar em uma adequação gradativa dos termos, obedecendo a um pressuposto de universalização de suas proposições.

> No segundo, ela põe em funcionamento essas novas estruturas, conceitos e conexões, para instaurar seu movimento. Uma vez posicionados, esses conceitos e conexões fundamentais, que são em quantidade pequeníssima, se inserem gradualmente, experimentando as adaptações oportunas nas diferentes regiões que a filosofia pretende governar para, finalmente, forjar toda a trama que lhe é constitutiva. (Gueroult, 2007, p. 242)

Gueroult procura estabelecer uma forma de se aprender filosofia, sustentando que isso é possível com a análise dos discursos, a articulação lógica entre os termos, suas relações e seus desdobramentos. Assim, é possível compreender uma abordagem filosófica à medida que trilhamos o caminho argumentativo desenvolvido pelo autor:

> É por essa extensão de formas e relações dominantes que cada filosofia se engendra; que espalha, por assim dizer, por todo lado seu modo próprio de demonstratividade; que se reconhece como total, não apenas ao descrever o círculo que circunscreve seu conjunto, mas ao informar, de forma semelhante até o último detalhe, a estrutura de seus mínimos elementos, de modo que podemos dizer que está sempre por inteiro na menor de suas partes. (Gueroult, 2007, p. 243)

O primeiro pressuposto para desenvolver uma análise estrutural de um texto filosófico provém da noção de *problema* apresentada por Gueroult. O filósofo entende que todos os grandes sistemas filosóficos têm como ponto de partida a problematização acerca de um tema. A tradição já discutiu boa parte dos temas a serem investigados. Desse modo, os problemas filosóficos costumam ter como arcabouço um vasto arsenal de conceitos e imbricações.

O segundo pressuposto apresentado por Gueroult diz respeito à noção de *lógica*, pois ela tem a função de nortear e articular qualquer abordagem filosófica. Nesse âmbito, a lógica não remonta a um papel de tradução, mas de validação das estruturas filosóficas. Os problemas filosóficos sempre podem ser retomados e ganhar diferentes interpretações e implicações. Cabe ao pesquisador elaborar interpretações que tenham coerência lógica e universalizável. "Portanto, a técnica de toda filosofia é sempre um método de essência lógica e construtiva, visando ao mesmo tempo à intelecção e à descoberta, perseguindo a solução de um problema e a instauração de uma verdade considerada como demonstrável direta ou indiretamente" (Gueroult, 2007, p. 237).

Como terceiro critério para o desenvolvimento de um método estrutural, Gueroult leva em consideração a pluralidade de lógicas dos sistemas filosóficos e destaca que as abordagens filosóficas podem divergir no que diz respeito a suas estruturas, mas todas estão ancoradas na necessidade de sistematização:

> O interesse desse tipo de lógica é o de procurar estabelecer que nenhuma filosofia escapa a uma regra de sistematização que a constitui inteiramente, e que é possível descobrir o conjunto dessas regras em um princípio que funda sua unidade. Assim, o leque de todas as possibilidades estruturais da filosofia se abre a partir de um único ponto. Dessa forma, os vínculos entre as diversas filosofias podem ser determinados rigorosamente a priori. Deles podemos até esboçar uma classificação racional que esclareça de antemão as vias de sua análise concreta. (Gueroult, 2007, p. 241)

Nesse sentido, entendemos que cada sistema filosófico tem sua lógica interna, o que torna possível conferir uma identidade a cada sistema. Se cada um deles é individual e independente de outros, como estabelecer conexões entre diferentes autores e linhas de pesquisa? Gueroult apresenta, como quarto pressuposto, a noção de **arquitetônica**:

> Para estabelecer entre essas regiões o mínimo de homogeneidade exigida, a arquitetônica intervém com suas simetrias (correspondências, analogias) e suas extrapolações. Esses procedimentos, então, não pertencem, de modo algum, ao aparelho didático. Eles são aquilo que permite ao filósofo engendrar para si mesmo sua doutrina provando-a. Com efeito, é pela simetria e pela extrapolação que pode se estender a uma nova região a fórmula relacional típica já aplicada noutra. (Gueroult, 2007, p. 245)

A possibilidade de uma arquitetônica dos sistemas filosóficos ocorre por meio de suas aproximações e simetrias. Desse modo, podemos considerar que cada sistema é independente, mas passível de interlocuções, inclusive com campos extrafilosóficos, tais como o direito e as ciências da natureza.

> De acordo com o que foi estabelecido precedentemente, todo sistema filosófico resultará na arquitetônica, já que é uma totalidade que coordena, no interior de seu conceito, o conjunto de suas noções fundamentais, de seus problemas e de suas soluções. A diversidade e a heterogeneidade das regiões (conhecimento, ciências, arte, religião, direito, moral etc.), que uma filosofia deve abarcar em seu problema total, não lhe permitem se desenvolver em apenas uma única série. (Gueroult, 2007, p. 244)

A proposta de Gueroult demonstra a possibilidade de interpretar os sistemas filosóficos clássicos por meio de seus problemas, levando em consideração suas peculiaridades, mas possibilitando interpretar suas relações com a sistematização lógica dos argumentos. Desse modo, o pesquisador não ocupa o papel de mero observador da história da filosofia, uma vez que é capaz de inserir-se nela e desenvolver as próprias interpretações. Esse movimento permite investigar a realidade pelas articulações internas das filosofias.

2.2
Victor Goldschmidt: tempo histórico e tempo lógico

Victor Goldschmidt (1914-1981) foi um filósofo francês conhecido por suas contribuições para o desenvolvimento de um método estrutural na investigação filosófica. No livro *A religião de Platão*, publicado originalmente em 1949 e, no Brasil, em 1970, podemos encontrar um artigo intitulado "Tempo histórico e tempo lógico na interpretação dos sistemas filosóficos", que traz uma síntese da proposta de método estrutural do filósofo.

O propósito de Goldschmidt é elaborar um método que seja ao mesmo tempo científico e filosófico. Desse modo, a história da filosofia é caracterizada pelas peculiaridades da filosofia; no entanto, não deve se distanciar de um método científico.

> Pondo em primeiro plano "a preocupação pela estrutura" que, para citar ainda E. Bréhier, "domina decididamente a da gênese, cuja pesquisa tantas decepções causou", a interpretação metodológica pode, pelo menos, quanto a seu princípio, pretender-se "científica"; além disso, do mesmo modo que as outras exegeses científicas, às quais ela não visa substituir-se, ela supõe um devir, mas que seja interior ao sistema, e busca as causas de um doutrina, aquelas pelas quais o próprio autor a engendra, diante de nós. (Goldschmidt, 1970, p. 143)

Goldschmidt se apoia na legitimação da história da filosofia por um método científico. Não se trata de negar outras formas de investigação, mas de se estabelecer como critério a necessidade de compreensão da construção interna de um texto filosófico, não reduzindo as interpretações a seu contexto externo, ou seja, ao contexto histórico em que este ou aquele sistema filosófico foi desenvolvido.

Como, então, dizer que a proposta metodológica de Goldschmidt é filosófica, e não científica? Segundo o próprio filósofo, o que torna filosófico o seu método diz respeito à possibilidade de compreensão de um sistema levando-se em consideração os propósitos de seu autor, de modo que seja possível analisar os pressupostos de validação da veracidade desse sistema (Goldschmidt, 1970).

Nesse âmbito, vale ressaltarmos que os critérios de cientificidade não bastam para o desenvolvimento de uma interpretação filosófica; esta precisa ser, sobretudo, de natureza filosófica. Decorre daí que Goldschmidt justifica a necessidade de uma abordagem estrutural. Para ele, são dois os métodos mais eficientes para análise dos textos filosóficos: o dogmático e o genético.

Segundo Goldschmidt (1970, p. 139), o **método dogmático** "é eminentemente filosófico: ele aborda uma doutrina conforme a intenção de seu autor e, até o fim, conserva, no primeiro plano, o problema da verdade; em compensação, quando ele termina em crítica e em refutação, pode-se perguntar se mantém, até o fim, a exigência da compreensão".

Por outro lado, o **método genético**,

> sob todas as suas formas, é ou pode ser um método científico e, por isso, sempre instrutivo; em compensação, buscando as causas, ela se arrisca a explicar o sistema além ou por cima da intenção de seu autor; ela repousa frequentemente sobre pressupostos que, diferentemente do que acontece na interpretação dogmática, não enfrentam a doutrina estudada para medir-se com ela, mas se estabelecem, de certo modo, por sobre ela e servem, ao contrário, para medi-la. (Goldschmidt, 1970, p. 139)

No caso do método dogmático, as noções são entendidas como verdadeiras, de forma que não se distingue o conceito da crença. No método genético, os dogmas são entendidos como implicações emergentes do contexto histórico do texto. Diante do método dogmático, o papel do investigador é avaliar a estrutura interna do sistema, considerando-se suas articulações internas. O papel do pesquisador no método genético é o de pautar a origem do sistema e estabelecer as relações entre suas causas e seus desdobramentos.

O método dogmático é estritamente filosófico porque leva em consideração a construção interna do texto. O método genético se concentra em características como a biografia do autor, seu contexto histórico, bem como as influências econômicas e culturais que pairam sobre sua obra. Para Goldschmidt (1970), a leitura estrutural deve se desenvolver pelo método dogmático, pois ao se utilizar o método genético, atrelado ao tempo, corre-se o risco de sustentar interpretações que geram a impressão de uma evolução das ideias. A **atemporalidade** é uma característica importante da investigação filosófica. Os textos filosóficos são atuais com o passar dos séculos, mas, ao contrário, o que é considerado verdadeiro em ciência são sempre as abordagens mais atuais. A filosofia, portanto, se justifica em todas as épocas pelas articulações internas de seus sistemas. Nesse sentido, o filósofo apresenta a noção de **tempo lógico**:

> A filosofia é explicitação e discurso. Ela se explicita em movimentos sucessivos, no curso dos quais produz, abandona e ultrapassa teses ligadas umas às outras numa ordem por razões. A progressão (método) desses movimentos dá à obra escrita sua estrutura e efetua-se num tempo lógico. A interpretação consistirá em reapreender, conforme a intenção do autor, essa ordem por razões, e em jamais separar as teses dos movimentos que as produziram. (Goldschmidt, 1970, p. 140)

A noção de tempo lógico é, portanto, peculiar à atividade filosófica, pois é nele e por meio dele que se filosofa. Não se trata de negar o tempo histórico; no entanto, não é nele que a reflexão filosófica se articula. Assim, o tempo lógico está para além do tempo cronológico. Não devemos entender que os sistemas filosóficos existem somente na psique de seus autores, mas é somente por meio do tempo lógico que se produz filosofia.

É possível, sem dúvida, colocar, na origem de um sistema, qualquer coisa como um caráter inteligível; mas, para o intérprete, esse caráter somente é dado no seu comportamento e nos seus atos, isto é, nos seus movimentos filosóficos e nas teses que eles produzem. O que é preciso estudar é essa "estrutura do comportamento", e referir cada asserção a seu movimento produtor, o que significa, finalmente, a doutrina ao método. (Goldschmidt, 1970, p. 142)

A abordagem de Goldschmidt oportuniza atribuir ao pesquisador a função de reaprender e interpretar o texto filosófico por meio do tempo lógico, atividade inerentemente filosófica. O trajeto a ser percorrido é aquele eleito pelo autor na inserção no texto. Negar a estrutura desses percursos se desdobra, portanto, em negar a própria filosofia.

2.3
Oswaldo Porchat Pereira: filosofia e visão de mundo

Oswaldo Porchat Pereira (1933-2017) contribuiu de maneira expressiva para a filosofia brasileira, auxiliando tanto como pesquisador quanto como professor e fomentador da pesquisa em filosofia.

Apesar da abrangência da obra de Porchat, vamos nos deter em seu neopirronismo, que apresenta novas perspectivas em relação à problemática do ceticismo na reflexão filosófica.

De modo geral, a discussão acerca do ceticismo na obra de Porchat diz respeito às limitações envolvendo os processos de conhecimento do mundo. Nesse sentido, o filósofo atualiza a leitura do pirronismo e apresenta uma proposta metodológica de pesquisa.

Otávio Bueno e Plínio Junqueira Smith (2016, p. 132) se referem à obra de Porchat como a contribuição mais importante do ceticismo latino-americano e ressaltam que o trabalho "Sobre o que aparece", de 1991, é o texto responsável por estabelecer as fundações da postura cética de Porchat. Em trabalhos posteriores, o filósofo desenvolve suas ideias mais profundamente.

Bueno e Smith afirmam que uma das contribuições do neopirronismo diz respeito à possibilidade de desenvolvimento de um sistema filosófico coeso e abrangente. A obra de Porchat é capaz de esclarecer que o ceticismo não se reduz ao estabelecimento de dúvidas acerca deste ou daquele problema. Em outras palavras, não se trata do uso da dúvida metodológica como fortalecedora dos dogmas. O uso da dúvida tem, nesse âmbito, a função de discutir as limitações em relação ao conhecimento do mundo externo, permitindo-se questionar o estatuto ontológico de determinadas noções, tais como aquelas oriundas dos dualismos mente-corpo, sujeito-objeto, e assim por diante.

> Não há como confundir entre essa dúvida cética moderna e nossa *epokhé* sobre as pretensas dimensões metafísicas ou epistemológicas de nosso reconhecimento do mundo fenomênico. Como vimos, nosso questionamento do discurso dogmático incide igualmente sobre a natureza e a assim chamada realidade de sujeito e objeto, corpo e mente, faculdades da alma e as propriedades da matéria. (Porchat, 2007)

De modo geral, a dúvida pode ser útil em qualquer contexto em que proporcione ao filósofo elementos para aprender algo acerca das questões que pesquisa. Para Porchat, no entanto, o ceticismo é um sistema viável e articulado na tradição filosófica, relacionado a um amplo debate epistêmico, o que pode ser evidenciado nesta passagem:

> o ceticismo moderno, o ceticismo humano em particular, rejeitou o Cogito, associando-se a uma filosofia mentalista que identificou o eu com uma mente concebida como um feixe de nossas representações [...]. Identificando então o fenômeno e a representação, dizendo o fenômeno um pathos nosso e privilegiando tão somente a dimensão subjetiva de nossa experiência, o pirronismo ter-se-ia encaminhado na direção do ceticismo mentalista de Hume. O filósofo escocês teria

apenas feito passar ao ato, mercê dos recursos conceituais propiciados pelo empirismo de Locke, sob o impacto do cartesianismo, as potencialidades ao menos em germe contidas no velho pirronismo. No cerne mesmo do ceticismo teria sempre residido, ainda que parcialmente dissimulado e encoberto, um subjetivismo mentalista de tipo humano, à espera de explicitação. (Porchat, 2007, p. 23)

Como é possível notar, a noção de ceticismo remonta a um debate articulado, desde Pirro (318 a.C.-272 a.C.), passando pela modernidade nas contribuições de pensadores como Hume (1711-1776) e que chegam até nós com o trabalho de Hegel (1770-1831).

Chamamos a atenção para o fato de que o neopirronismo não está atrelado ao mentalismo cartesiano, de modo que boa parte das críticas feitas esse sistema não é herdada pelo neopirronismo.

Bueno e Smith (2016) alertam de que o neopirronismo proposto por Porchat tem duas partes, uma combativa e outra propositiva, possibilitando-se desenvolver uma interpretação das características dos sistemas filosóficos.

Os dois conceitos mais importantes da parte negativa são *diaphonía* (o conflito entre as várias doutrinas filosóficas) e *epokhé* (a suspensão do juízo). Para Porchat, a *ataraxía*, ou tranquilidade da mente, não é um elemento essencial do pirronismo e tem mais interesse histórico. Posto o conflito entre as filosofias, Porchat tira a conclusão cética: ao ser genuinamente incapaz de escolher entre as várias visões filosóficas, ele suspende seu juízo, argumentando com vigor que o desacordo entre filosofias é indecidível. Até mesmo sua anterior "filosofia da visão comum do mundo" (Porchat, 1975, 1979) não é capaz de resolver ou evitar o conflito. O conflito envolve não só o dogmatismo dos filósofos da visão comum do mundo, mas também o das pessoas comuns. Entretanto, nem todos os filósofos são parte do conflito, uma vez que algumas filosofias não são dogmáticas, pois não pretendem definir a natureza última das coisas. (Bueno; Smith, 2016, p. 136-137)

> No que diz respeito à parte positiva do ceticismo de Porchat, o neopirronismo dá um relato detalhado da noção crucial de phainómenon. Porchat pensava, numa fase anterior, que o *phainómenon* deveria ser identificado ou assimilado à *phantasía* (Porchat 1985, 1986). Isso explica por que ele um dia interpretou essa noção como se implicasse alguma forma de mentalismo; o que aparece era concebido como representação mental. Posteriormente, ele rejeitou essa identificação (Porchat 1991). Em sua nova interpretação, o *phainómenon* é mais bem explicado por outra noção crucial: *bíos*, ou a vida comum. No fim das contas, diz Sexto Empírico, o que aparece é o *bíos*. Portanto, a explicação de Sexto do critério de ação do cético é também uma explicação da noção de *phainómenon*. Ao prestar atenção às quatro partes das observâncias diárias, pode-se compreender melhor o que é o *phainómenon*. Ao mesmo tempo, a vida comum deve ser entendida como o que é aparente (o que aparece para aqueles que a vivem), não como a realidade em si. (Bueno; Smith, 2016, p. 137-138)

A discussão de pano de fundo no neopirronismo de Porchat é relativa à possibilidade de o intelecto conhecer os fenômenos. Tendo isso por base, o filósofo discute os impasses filosóficos em relação aos processos de conhecer. O método cético é uma alternativa de combate aos dogmatismos, de modo que esse tipo de sistema não permite o conhecimento das causas mais profundas dos fenômenos. A via possível de suspensão de juízo para superar a pluralidade conflituosa dos sistemas filosóficos remete à relação entre causalidade e empirismo. O pensamento empírico é capaz de apontar a relação entre um fenômeno e outro – por exemplo, entre fumaça e fogo.

O método empírico possibilita a suspensão de juízos e a superação do risco de psicologismo, ou seja, do isolamento do conhecimento do sujeito cognoscente, como se fosse independente do objeto a ser conhecido. A possibilidade de conhecimento da realidade externa ocorre, portanto, pela noção de fenômeno.

> Isso que não podemos rejeitar, que se oferece irrecusavelmente a nossa sensibilidade e entendimento – se nos permitimos lançar mão de uma terminologia filosófica consagrada – é que os céticos chamamos de fenômeno (*tò phainómenon*, o que aparece). O que nos aparece se nos impõe com necessidade, a ele não podemos senão assentir, é absolutamente inquestionável em seu aparecer. Que as coisas nos apareçam como aparecem não depende da nossa deliberação ou escolha, não se prende a uma decisão da nossa vontade. O que nos aparece não é, enquanto tal, objeto de investigação, precisamente porque não pode ser objeto de dúvida. (Porchat, 2007, p. 15)

Nossa percepção dos fenômenos é adjacente à suspensão do juízo, àquilo que emerge ao suspendermos o juízo sobre o dogmatismo. Sendo superado o dogmatismo, o que nos resta é a vida ordinária. Os fenômenos se apresentam para nós independentemente de nossas vontades. No entanto, os fenômenos são impregnados de linguagem, de modo que é por meio dela que interpretamos os fenômenos. Para não correr o risco de uma fundamentação idealista, Porchat propõe uma associação entre os fenômenos (o que aparece) e a linguagem.

O neopirronismo de Porchat sustenta que o ceticismo empírico permite a superação do dogmatismo filosófico. Isso não significa que os filósofos não tenham crenças, assim como todas as pessoas têm, mas que eles não estão vinculados a crenças filosóficas. Assim como qualquer pessoa, o cético se encontra inserido na realidade e é capaz de dizer como ela aparece, sem a ousadia de dizer como ela é.

Por último, vale dizer que o neopirronismo é empirista, ao contrário do pirronismo clássico, e tem a possibilidade de recorrer à filosofia das ciências para integrar, em suas visões de mundo, os dados científicos disponíveis. Trata-se, portanto, de um esforço empírico de explorar o mundo dos fenômenos.

A obra de Porchat fornece elementos importantes ao pesquisador em filosofia, sobretudo no que diz respeito ao combate ao dogmatismo, evitando os riscos de se repetir proposições e adotar um ponto de vista crítico, porém modesto, diante da realidade, tendo em vista que, como dissemos, o filósofo, ao contrário do cientista, tem os mesmos recursos que o homem comum: seu cérebro. Talvez sua característica mais distintiva refira-se ao domínio dos conceitos da tradição filosófica que compõem as tentativas de elucidar a realidade.

2.4
Gilles-Gaston Granger: filosofia e ciências

Gilles-Gaston Granger (1920-2016) foi um filósofo francês que apresentou uma série de contribuições em campos como a lógica, a filosofia da matemática, a filosofia da ciência e os métodos científicos tanto das ciências humanas quanto das ciências naturais. Granger elaborou proposições com base na filosofia da linguagem, defendendo que a possibilidade de um método deveria passar por uma epistemologia da linguagem.

Apresentamos a seguir, em linhas gerais, sua abordagem relativa à filosofia da ciência como possibilidade de pesquisa. Afinal, a ciência é capaz de refletir? Em que medida a filosofia contribui para a constituição das ciências?

No texto intitulado "A ciência pensa?", Granger (1993) se propõe a elucidar o que caracteriza o pensamento no âmbito do conhecimento científico. Para tanto, apoia-se nas discussões em filosofia da linguagem para caracterizar a necessidade de uma epistemologia linguística para o conhecimento científico. Tendo em vista que qualquer teoria científica se constitui por sistemas simbólicos, a linguagem é, portanto, a ferramenta que possibilita a elaboração da ciência.

Toda obra científica efetua-se num sistema de símbolos – linguagem natural ou ideografias específicas –, por oposição à percepção direta de experiências e de fatos. A atividade de transposição simbólica transforma o percebido ou o vagamente imaginado em objetos de pensamento articulados. E esse é o primeiro grau de um pensamento propriamente científico. (Granger, 1993, p. 198)

A matemática não foge a esse campo, visto que ela é, por excelência, a ordenação de símbolos abstratos por meio do cálculo. O cálculo, no entanto, é passível de ser mecanizado, o que nos leva a interrogar se a mecanização do cálculo descaracteriza o pensamento.

> Um tal procedimento, tomado em si mesmo, é de certo "mecanizável", desde que se aceite que a máquina trata os símbolos como fatos empíricos que agem causalmente sobre seu *hardware*. As regras do cálculo correspondem então a uma organização do *hardware* que determina as respostas causais às excitações. (Granger, 1993, p. 199)

Apesar da possibilidade de mecanização, a noção de cálculo está sujeita a uma reflexão sobre sua natureza, o que, segundo Granger (1998), se coloca no sentido de um "metacálculo" – discussões filosóficas acerca do cálculo podem ser evidenciadas nas obras de filósofos como Frege e Russell. Leibniz (1646-1716), por exemplo, tem o propósito de investigar as bases do cálculo, mas esse exercício não pode ser realizado usando o cálculo em si e sim o pensamento sobre o cálculo.

Da matemática, a qual Granger sustenta ser uma ferramenta indispensável para a investigação científica, desdobram-se os problemas de lógica. Por exemplo, o princípio do terceiro excluído indica que algo não pode ser e não ser ao mesmo tempo, o que, aplicado ao conhecimento científico, supera a possibilidade de incorrer em ambiguidades ou contradições.

Outro elemento importante do pensamento científico diz respeito à faculdade da imaginação conceitual. Para abordá-la, Granger se refere à noção de virtualidade. É a virtualização dos conceitos que permite os experimentos de pensamento. Para evidenciá-los, Granger propõe uma série de exemplos, dos quais destacamos:

> o da entropia na termodinâmica. Ela é uma grandeza intrinsecamente ligada a um sistema material ficticiamente separado de um meio; sua variação infinitesimal para uma transformação reversível (irrealizável atualmente) é igual ao quociente da variação de energia pela temperatura: $dS = dQ/T$. (Granger, 1993, p. 201)

Com base no raciocínio de Granger, é possível entendermos alguns dos elementos que promovem o encontro entre filosofia e ciência, embora não tenhamos tratado aqui dos impasses éticos da produção científica, pois eles não eram considerados no texto analisado. Vale ressaltar que a filosofia não produz ciência, mas

> deixa um traço permanente na ciência, que é a presença do metaconceitual, sob a forma de reflexão sobre a definição, o alcance e a validade dos conceitos dos próprios objetos. Mas essa reflexão metaconceitual não se desenvolve na construção de sistemas de significações de uma experiência total. Ela mantém-se dirigida à construção de novos objetos, construção local, mesmo que envolva um conjunto sempre mais amplo de fenômenos. Nem por isso é menos pensamento; é por excelência pensamento inventivo e racional a um só tempo. (Granger, 1993, p. 204)

Embora tenhamos tratado de apenas um de seus textos, na obra *A ciência e as ciências*, Granger se dedica a aprofundar seus estudos a respeito da constituição do conhecimento científico. Suas contribuições são significativas para o pesquisador em filosofia, tendo em vista o desenvolvimento da reflexão filosófica como uma atividade capaz de preservar interpretações para algo diferente da própria filosofia, tal qual o conhecimento científico.

2.5
Gilles Deleuze: filosofia *pop*

Gilles Deleuze (1925-1995) foi um filósofo francês que contribuiu para a proposição de abordagens filosóficas no que concerne às leituras contemporâneas. Trouxe noções fundamentais no sentido da possibilidade da investigação filosófica como criação de conceitos. No entanto, o percurso que vamos expor aqui se refere à noção de *filosofia pop*, trabalhado por pensadores brasileiros como Márcia Tiburi e Charles Feitosa.

Charles Feitosa (2001) chama a atenção para o fato de que nossa época tem uma complexidade de características pelas quais as dicotomias-padrão – tais como entre erudito e popular, moderno e urbano – não dão conta de explanar a cultura das sociedades atuais. Campos das ciências humanas, como a sociologia e a antropologia, esforçam-se para apresentar novas formas de interpretar a realidade. Nesse sentido, o conceito deleuziano de *filosofia pop* pode trazer contribuições.

Deleuze é reconhecido por fazer filosofia por meio de seu diálogo com atividades não necessariamente filosóficas, como o cinema e a música. O pensador alerta para o fato de não precisarmos restringir a atividade filosófica à cultura erudita. Os fenômenos culturais e estéticos de diversas naturezas podem ser objetos para a reflexão filosófica.

> A boa maneira para se ler hoje, porém, é a de conseguir tratar um livro como se escuta um disco, como se vê um filme ou um programa de televisão, como se recebe uma canção: qualquer tratamento do livro que reclamasse para ele um respeito especial, uma atenção de outro tipo, vem de outra época e condena definitivamente o livro. Não há questão alguma de dificuldade nem de compreensão: os conceitos são exatamente como sons, cores ou imagens, são intensidades que lhes convêm ou não, que passam ou não passam. Pop'filosofia. (Deleuze; Parnet, 1998, p. 4)

Para Feitosa (2001), o papel da filosofia nesse contexto de culturas híbridas é o de se tornar *pop*. É possível notar que a filosofia é cada vez mais popular nas últimas décadas, tanto em razão de sua necessidade quanto pelas novas ferramentas de comunicação. Nesse sentido, é impossível não se remeter ao academicismo filosófico e a seu risco de enclausuramento. Se o filósofo ou o pesquisador não se dispõem a manter um diálogo com outras áreas, não há possibilidade de popularizar o conhecimento filosófico. Pensadores como Márcia Tiburi, Viviane Mosé, Clóvis de Barros Filho e Mario Sergio Cortella são frequentemente aclamados pela mídia, chegando ao ponto de alguns deles manter empregos formais em empresas midiáticas, quando não chamam a atenção e lotam os serviços de *streaming* de visualizações e *downloads*.

Há quem critique a profundidade acadêmica desses intelectuais, que, por vezes, apresentam interpretações errôneas acerca desse ou daquele problema, mas é fato inconteste que eles popularizam os conteúdos filosóficos. Precisamos levar em conta que a divulgação da filosofia é feita pela conjuntura do mercado e esse movimento faz com que os intelectuais também se insiram no contexto da produção em massa para apresentar suas posições a respeito de uma diversidade de temas sem tê-las amadurecido suficientemente.

Além da mídia tradicional, *e-books*, canais de vídeos e *podcasts* auxiliam na veiculação de conteúdos filosóficos.

Devemos nos questionar se a inserção dos conteúdos filosóficos nos veículos de mídia atuais provoca a banalização da filosofia ou contribuem para seu aprofundamento. A esse respeito, Feitosa (2001, p. 97) reflete:

> Se "pop" for sempre sinônimo de uniforme, superficial e comercial, "inclua-me fora dessa", como dizem os cariocas. Trata-se de uma maneira de ler, de escrever e de pensar. Tomemos por exemplo o caso Nietzsche. A nenhum outro pensador cabe tão bem o adjetivo de "popular". Sua imagem de poeta, iconoclasta e louco presta-se

perfeitamente a uma certa indústria cultural, especializada em fabricar mitos e deles obter dinheiro. E em parte essa exploração é facilitada pelo estilo moderno e atraente do texto nietzschiano. Entretanto, o próprio autor, em Humano, Demasiadamente Humano, nos adverte que é preciso ter mais cuidado com as frases de um pensador que parecem agradáveis, do que com aquelas que não são (cf. §484). Existe portanto uma maneira pop de ler a filosofia, como um turista em busca de emoções fortes, que na verdade é uma maneira de não ler, afinal mais vendido, não significa mais lido ou compreendido. (Feitosa, 2001, p. 97)

Feitosa chama a atenção para o fato de que existe uma forma *pop* de escrever filosofia. Em entrevista no ano de 1977, Feitosa ressalta que Deleuze já criticava os novos filósofos (no sentido de que se posicionavam para cumprir os preceitos da indústria cultural) ou o filósofo de jornal (que contribui para manter as polêmicas propagadas pelos grandes meios de comunicação e dar audiência). Como mencionamos anteriormente, a atividade filosófica deve se constituir de forma livre, descompromissada, com propósitos que estejam fora dela mesma. Deleuze alertava que a filosofia de jornal podia parecer atual e sofisticada, porém era inócua na medida em que estava atrelada a intenções exteriores ao próprio filosofar. Isso não significa que a filosofia não deva dialogar com a realidade, mas sim que não deva estar atada a essa realidade.

Segundo Feitosa, a filosofia *pop* não é a filosofia que "vira moda", e sim a filosofia "da moda". Ou seja, aquela que se volta para o que é urgente e não para o que é fundamental.

> O urgente é tudo o que pertence à ordem do imediato. A clonagem de seres humanos; a onipresença do computador; a corrupção na política; a destruição maciça da natureza; a má-qualidade dos programas de TV são certamente problemas de grande urgência, mas o que há de fundamental neles? O fundamental de um problema pertence a um outro plano, para além dos ditames da moda. Fundamentais são as múltiplas relações de diferenças, singularidades e intensidades que

permeiam implicitamente todo o campo das questões ditas urgentes. Não se trata apenas de uma suposta falta de seriedade dos temas. Hoje em dia, por exemplo, está na moda falar de ética e os filósofos estão sendo chamados a opinar sobre o assunto. Nada mais urgente, é certo. (Feitosa, 2001, p. 98)

É necessário que o pesquisador desconfie, no entanto, daquilo que é colocado como urgente. Por exemplo, de onde provém a emergência, num dado contexto histórico, de os grandes meios de comunicação discutirem a noção de ética? Trata-se de uma necessidade ou de um projeto. O que ocorre é que as noções de moral e de ética ganham uma série de interpretações de senso comum que são repercutidas na mídia. Isso acarreta um desserviço à elucidação. Ora, se a filosofia *pop* está restrita àquilo que é urgente, ela deixa de ser filosofia. Nesse sentido, Feitosa (2001, p. 99) problematiza:

> Numa expressão de Nietzsche, um tipo de pensamento que se mostra "escravo do atual, do moderno, do instante". Parece então que uma filosofia pop deveria cumprir o que a sua época exige; deveria buscar atender as tarefas que a sociedade lhe impõe. Mas ao contrário do que às vezes se espera na mídia e na sociedade, o pensar filosófico não tem que conduzir a nenhum saber técnico como o das ciências; não tem necessariamente que trazer nenhuma sabedoria de vida utilizável, nem que solucionar nenhum dos mistérios do mundo. A filosofia propriamente dita não tem compromisso com o atual e o moderno, mas sim com o inatual e com o que está em desacordo com o presente. Na verdade, a filosofia no seu sentido mais radical tem um quê de antimoda, de extemporâneo, de não pop. Como conciliar estes dois aspectos?

O academicismo filosófico não é recente, está atrelado à tradição enquanto se entende a filosofia como pensamento livre. De Platão a Hegel, tudo aquilo que é sensível e material, como a arte, que depende do meio material para se constituir, é tido como inferior. A possibilidade de popularização da filosofia é vista, desse modo, como algo antiaristocrático. Decorre daí a imagem do filósofo como aquela figura enclausurada no escritório, imerso em textos e diálogos com os clássicos. A crítica deleuziana não quer reduzir as características próprias da filosofia, mas dar a ela a capacidade de interlocução com outros campos.

Nesse âmbito, é necessário resgatar a noção de *pop*. A construção do sentido do termo como aquilo que é vulgar é uma conotação recente. Até a década de 1990, *pop* estava relacionado à contestação. As modalidades artísticas provenientes dos movimentos de contracultura, como a *pop art*, o *punk rock* e o *hip-hop*, eram propostas de contestar o tradicional. Essa característica, apesar de ser dada no plano da arte, é comum em boa parte dos sistemas filosóficos, pois é papel do filósofo avaliar o que é dado como única alternativa. Filosofar é uma atividade antidogmática. Feitosa atribui dois sentidos à noção de *pop*, a saber, o que ele chama de "pop I" se refere a tudo que é "alternativo, marginal e específico" e o "pop II" se relaciona ao que é "comercial, industrial e genérico" (Feitosa, 2001, p. 102).

A filosofia *pop* é, portanto, capaz de dialogar com o não filosófico. Esse movimento, de acordo com Deleuze, vai ao encontro da ideia de desterritorialização, ou seja, a possibilidade de deixar o território e suas convenções e imposições e apresentar alternativas àquilo que é dado. Não se trata de uma filosofia engajada, mas que busca microrrevoluções e estabelece linhas de fuga. "Talvez a filosofia tenha que ser sempre e de cada vez 'pop' no sentido de deixar explodir as questões que são essenciais, ex-vertendo e reorganizando insolentemente as distinções e hierarquias entre conceito e imagem/som; ciência e arte; profundo e superficial; erudito e popular" (Feitosa, 2001, p. 106).

A proposta deleuziana de filosofar se apresenta ao pesquisador como uma alternativa de dialogar com o não filosófico. É possível refletir para além daquilo que é visto como erudito e que se manifesta por meio do cinema, da música e das artes plásticas.

Síntese

Neste capítulo, apresentamos alguns métodos estritamente filosóficos possíveis para o desenvolvimento da pesquisa filosófica. Iniciamos com a proposta estruturalista de Gueroult, que entende a filosofia com base em seus problemas e sua estrutura lógica de argumentos, o que permite uma hermenêutica, ou seja, uma interpretação acerca dos argumentos dos sistemas filosóficos.

Mantendo a linha estruturalista, estudamos a perspectiva de Goldschmidt, que entende os sistemas filosóficos por dois tempos, a saber, o histórico e o lógico. No caso do tempo histórico, é possível compreender a obra ou a temática por sua contextualização, levando-se em conta seu período histórico e o universo da cultura filosófica abordada. No caso do tempo lógico, estudamos o texto internamente, ou seja, por meio da relação entre seus argumentos.

Tratamos também da perspectiva neopirrônica de Oswaldo Porchat Pereira, confrontando-a com as limitações do ceticismo moderno e atualizando as limitações dos métodos filosóficos tradicionais fundamentados na percepção por meio dos sentidos. O ceticismo de Porchat subsidia a confrontação da realidade aparente visando a uma possibilidade de superação dos impasses herdados ao longo da tradição filosófica.

Na perspectiva de Granger, verificamos a possibilidade de pensar a ciência e de relacionar a pesquisa filosófica e suas contribuições a campos como o da lógica e o da matemática. A filosofia é, portanto, capaz de investigar as estruturas do pensamento científico e apresentar suas limitações, não se restringindo à racionalidade mecânica, mas trazendo à tona seus impasses.

Por último, expusemos como Deleuze trouxe para o âmbito da filosofia a possibilidade de reflexão com base em elementos da cultura ordinária no âmbito midiático ou da produção da arte conhecida como vulgar (em oposição às obras clássicas). Depois da Escola de Frankfurt, a filosofia deleuzeana ofereceu um instrumental capaz de promover uma reflexão filosófica por meio da *pop art*, dos *cartoons*, da literatura marginal e do cinema.

Atividades de autoavaliação

1. A respeito dos métodos propostos por Goldschmidt e Gueroult, analise as seguintes proposições:
   I) O estruturalismo proposto por Gueroult supõe que a reflexão filosófica ocorra com o estabelecimento de um problema de pesquisa.
   II) O estruturalismo proposto por Goldschmidt considera uma metodologia capaz de avaliar um sistema filosófico por meio de seu tempo histórico e seu tempo lógico.
   III) O estruturalismo desconsidera a articulação dos argumentos internos do texto.
   IV) O método estrutural possibilita a interpretação do texto considerando a sistemática da articulação entre seus argumentos.

   Estão corretas:
   a) apenas as proposições I e II.
   b) apenas as proposições I e III.
   c) apenas as proposições I e IV.
   d) apenas as proposições I, II e III.
   e) apenas as proposições I, II e IV.

2. O neopirronismo proposto por Oswaldo Porchat Pereira considera que:
   a) a percepção dos fenômenos da realidade externa por meio dos sentidos assegura a veracidade do conhecimento filosófico.

b) nós percebemos somente os fenômenos que queremos perceber.
c) o conhecimento da realidade aparente por meio dos sentidos não garante a consolidação de um conhecimento seguro.
d) o ceticismo viabiliza a construção do conhecimento dogmático.
e) o neopirronismo é racionalista.

3. Acerca da relação entre a filosofia e as ciências, na obra de Granger, analise as seguintes proposições:

I) Granger considera que uma reflexão sobre a linguagem viabiliza uma investigação acerca da epistemologia das ciências.
II) Toda teoria científica é construída por meio de sistemas simbólicos.
III) A matemática é a única que foge à articulação e ao desencadeamento lógico entre símbolos.
IV) O pensamento científico não deve recorrer à faculdade da imaginação conceitual, o que implicaria o desenvolvimento de métodos frágeis.

Assinale a alternativa correta:
a) Apenas as proposições I e II são verdadeiras.
b) Apenas as proposições I e III são verdadeiras.
c) Apenas as proposições I e IV são verdadeiras.
d) Apenas as proposições I, II e III são verdadeiras.
e) Apenas as proposições I, II e IV são verdadeiras.

4. O conceito de *filosofia pop* é coerente com qual das proposições a seguir?
a) Só é possível realizar reflexões filosóficas acerca das produções clássicas da humanidade.
b) Apesar da minúcia dos métodos filosóficos, é possível promover reflexões acerca das produções ordinárias da cultura *pop*.

c) As produções da cultura *pop* são tão inferiores que não merecem reflexões filosóficas.

d) É impossível produzir filosofia sobre os produtos da indústria cultural, tais como cinema e quadrinhos.

e) A literatura popular não abarca temas pertinentes à filosofia.

5. O estruturalismo de Victor Goldschmidt considera quais dimensões textuais?
   a) Temporalidade e lógica.
   b) Finitude e razão.
   c) Intratextual e extratextual.
   d) Tempo histórico e tempo lógico.
   e) Cronicidade e logicidade.

Atividades de aprendizagem

Questões para reflexão

1. De que forma Deleuze considera a possibilidade de reflexão filosófica acerca das produções da cultura ordinária, tais como o cinema, a literatura e a música?

2. O que é filosofia *pop*?

Atividade aplicada: prática

1. Para experimentar um dos gêneros textuais recorrentes na pesquisa filosófica acadêmica, produza um resumo do conteúdo apresentado neste capítulo.

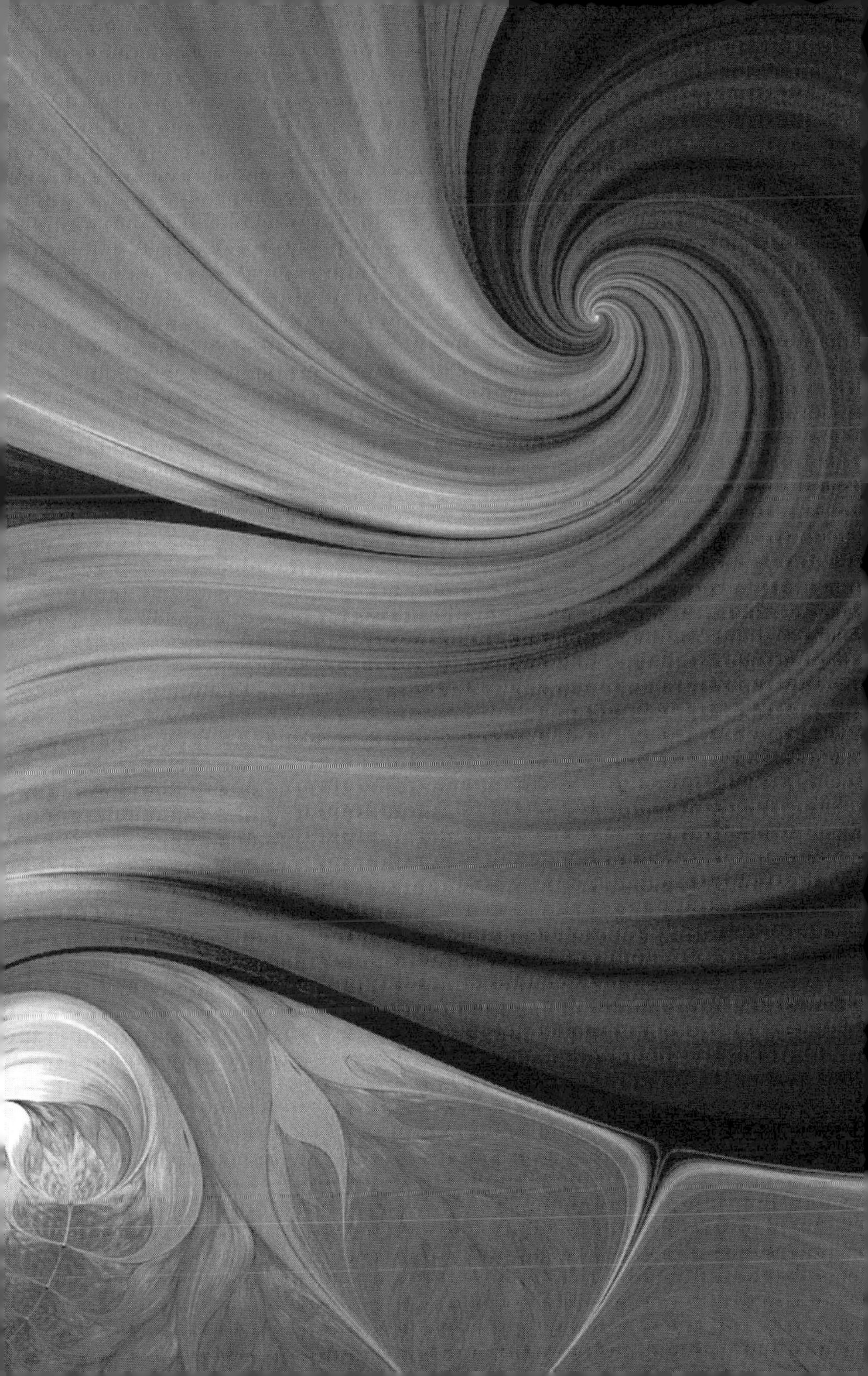

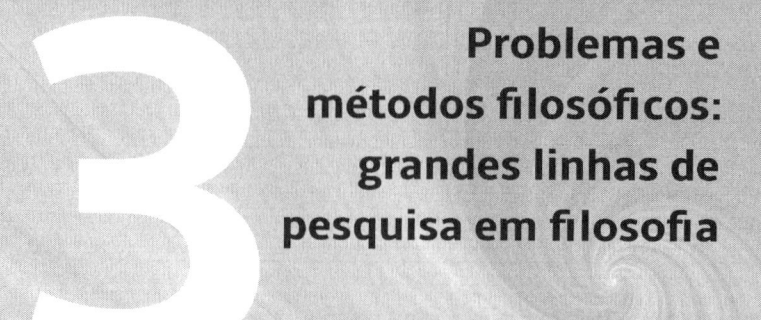

3

Problemas e métodos filosóficos: grandes linhas de pesquisa em filosofia

Neste capítulo, apresentamos alternativas de percurso ao pesquisador iniciante, seja para que este dialogue com elas, aprofunde-se nelas ou contraponha-se a elas. Ressaltamos que nosso objetivo não é esgotar as linhas de pesquisa abordadas, mas sim apresentar uma ideia das inúmeras possibilidades a serem desenvolvidas na área.

3.1
Breve perspectiva sobre a noção de dialética na tradição filosófica ocidental

Apresentamos a seguir uma das noções que permeiam a tradição filosófica ocidental desde seu surgimento. No entanto, não nos aprofundamos em seus desdobramentos, limitando-nos a apresentar seus elementos fundamentais pelas perspectivas de Hegel, de Marx e de Engels.

3.1.1 Apresentação das origens da tradição dialética

É importante, inclusive como exercício de superação de preconceitos, compreender que a tradição dialética não é inaugurada pela filosofia do século XIX. Não é possível, portanto, dar início a esse percurso sem nos remetermos a suas raízes. Etimologicamente, a palavra *dialética* vem do grego: o prefixo "dia" contém a ideia de *reciprocidade* ou de *troca* – por exemplo, *dialegein* é "trocar palavras ou razões, conversar ou discutir". Daí o substantivo *dialectike*, a arte da discussão (Foulquié, 1974).

Com relação ao nascimento da noção de dialética na tradição filosófica ocidental, Konder (2008, p. 11) explica: "Dialética era, na Grécia antiga, a arte do diálogo. Aos poucos, passou a ser a arte de, no diálogo, demonstrar uma tese por meio de uma argumentação capaz de definir e distinguir claramente os conceitos envolvidos na discussão".

Aristóteles se referia a Zenão de Eleia como o pai da dialética; outros pensadores se referem a Sócrates como seu fundador. Para as interpretações mais recentes, o pensador que inaugura a abordagem dialética é Heráclito de Éfeso. Dele não são conhecidos textos completos, apenas fragmentos que contêm evidências de suas contribuições para essa tradição. É famosa a passagem heraclitiana que diz ser impossível que um homem tome banho duas vezes no mesmo rio. Ora, o homem está sujeito a transformações constantes, assim como o curso da água do rio em que se banha. Essa passagem de Heráclito faz alusão a sua noção de devir (movimento/transformação), segundo a qual tudo está em constante transformação. Desse modo, aquilo que parece ser caótico é justamente o que traz equilíbrio ao mundo. A vida, contraditoriamente, depende da morte de outros organismos; a chuva depende da estiagem; a velhice é decorrente da juventude; e assim por diante. Podemos entender, portanto, que a natureza do movimento reside na contradição.

Os gregos, no entanto, preferiram as explicações de um contemporâneo de Heráclito, Parmênides. Este defendia a imutabilidade da essência do ser, de modo que o devir era apenas um fenômeno superficial.

Diante das posições de Heráclito e Parmênides, Platão, ao identificar o problema do movimento como limitação para o conhecimento essencial do ser, dividiu a realidade em duas – a sensível (que comporta o movimento e a pluralidade dos seres) e a suprassensível (perfeita e imutável). A partir daí, não só a noção de dialética mas a de tradição filosófica estariam marcadas pelo dualismo e pela metafísica que se estenderam na obra de diversos pensadores ao longo dos séculos.

> Elementos de dialética se encontram no pensamento de diversos filósofos do século XVII, como Leibniz (1646-1716), Spinoza (1632-1677), Hobbes (1588-1679) e Pierre Bayle (1647-1706). Elementos de dialética se achavam já, também, nas reflexões do inquieto Montaigne (1533-1592), no século XVI. Montaigne dizia, por exemplo: "Todas as coisas estão sujeitas a passar de uma mudança a outra; a razão, buscando nelas uma subsistência real, só pode frustrar-se, pois nada pode apreender de permanente, já que tudo ou está começando a ser e absolutamente ainda não é – ou então já está começando a morrer antes de ter sido" (Essais, II, 12). Mas tanto Montaigne como os pensadores do século XVII viviam e pensavam, de certo modo, numa situação de *isolamento* em relação à dinâmica social, em relação aos movimentos políticos da época. Os contatos que eles mantinham eram com personalidades e não com organizações ou tendências que pudessem refletir alguma coisa

do que se passava nas *bases* da sociedade. Por isso, a visão que tinham da história – isto é, do processo transformador da condição humana e das estruturas sociais – ou era gratuitamente otimista, superficial, ou então assumia um tom melancólico, um conteúdo conservador negativista. (Konder, 2008, p. 15, grifo do original)

No final da Idade Moderna, entre os séculos XVI e XVII, época marcada pelo Iluminismo, foi possível presenciar uma série de transformações políticas e sociais. Essa época trouxe a primeira Revolução Científica, a decorrente sofisticação das navegações, a ampliação da visão europeia para novas terras além-mar, a invenção da imprensa, as traduções dos textos clássicos do grego e do latim para as línguas vernáculas e as transformações de ordens política e social. Entretanto, a crença iluminista de que a razão seria a alternativa de estruturação da realidade humana limitou a visão de muitos filósofos em relação à ontologia das transformações da natureza e das transformações sociais.

Não obstante, houve algumas exceções. Diderot (1713-1784) entendeu que o sujeito era o resultado do todo e que, se o todo mudasse, a implicação necessária seria que o sujeito também mudaria. Rousseau (1712-1778), em sua tese de mestrado intitulada "Discurso contra as ciências e as artes", defendeu que a razão era limitada e preferiu voltar-se ao entendimento da natureza, incluindo aí a natureza humana.

> Observando a estrutura da sociedade do seu tempo e suas contradições, Rousseau concluiu que os conflitos de interesses entre os indivíduos tinham se tornado exagerados, que a propriedade estava muito mal distribuída, o poder estava concentrado em poucas mãos, as pessoas estavam escravizadas ao egoísmo delas. Rousseau considerava necessária uma democratização da vida social; para ele, as comunidades efetivamente democráticas não poderiam basear-se em critérios formais, puramente quantitativos (a vontade de todos): precisariam apoiar-se numa vontade geral criada por um movimento de convergência que levaria os indivíduos a superarem a estreiteza do egoísmo deles, que os

levaria a se reconhecerem concretamente uns nos outros e a adotarem uma perspectiva universal (verdadeiramente livre) no encaminhamento de soluções para seus problemas. (Konder, 2008, p. 15)

Entre o final do século XVIII e o início do século XIX, os conflitos políticos não se restringiam aos muros dos palácios e repercutiam nas ruas. A Revolução Francesa, assim como as guerras napoleônicas, envolveu e influenciou multidões. Desse modo, não há como ignorar a ontologia dos fenômenos sociais.

É nesse contexto que Kant (1724-1804) desenvolveu suas contribuições, superando uma série de paradigmas herdados da filosofia moderna, entre eles, a admissão das contradições. No que diz respeito à teoria do conhecimento, Kant não reduz sua proposta às sensações (empirismo) nem à primazia do conhecimento abstrato (racionalismo). Sua abordagem parte da admissão da existência da experiência que torna possível a relação entre intelecto e mundo externo e da existência de categorias aprioristicas no intelecto. A experiência humana, para Kant, é dada por meio dessa natureza contraditória entre sujeito e objeto ou intelecto e realidade – abstração e experiência são interdependentes.

O kantismo possibilita a revisão de uma série de paradigmas advindos da tradição moderna ao mesmo tempo que provoca a nascente contemporaneidade para novas interpretações a respeito da ontologia dos fenômenos. Embora Kant não tenha desenvolvido nenhum escrito profundo acerca da noção de dialética, seria inevitável que legasse esse debate aos pensadores posteriores.

> Outro filósofo alemão, de uma geração posterior, demonstrou que a contradição não era apenas uma dimensão essencial na consciência do sujeito do conhecimento, conforme Kant tinha concluído; era um princípio básico que não podia ser suprimido nem da consciência do sujeito nem da realidade objetiva. Esse novo pensador, que se chamava Georg Wilhelm Friedrich Hegel (1770-1831), sustentava que a

questão central da filosofia era a questão do ser, mesmo, e não a do conhecimento. Contra Kant, ele argumentou: "Se eu pergunto o que é o conhecimento, já na palavra é está em jogo uma certa concepção de ser; a questão do conhecimento, daquilo que o conhecimento é, só pode ser concretamente discutida a partir da questão do ser". (Konder, 2008, p. 22, grifo do original)

Depois dessa brevíssima apresentação do desenvolvimento da noção de dialética, é possível nos determos na abordagem hegeliana.

3.1.2 Idealismo hegeliano

Hegel é posterior ao Iluminismo, que, naquela época, havia sido superado pela filosofia romântica. O filósofo entendia o Iluminismo como um momento ultrapassado na história da filosofia.

Diferentemente de parte dos modernos, Hegel considerava noções como o movimento e a história. Não se trata de desvincular-se da tradição filosófica, mas de reconsiderar seus argumentos. Para ele, o motor, aquilo que movimenta as contradições, poderia ser entendido por meio da noção de dialética.

Hegel se apoiava na razão como elemento capaz de explicar o mundo. Dessa forma, é possível dizer que a razão também é a única capaz de explanar a si mesma e, em decorrência, que a razão direciona a história. No livro *Ciência da lógica*, Hegel apresenta os elementos que, por meio do movimento, designam a dialética:

> A dialética superior do conceito consiste em produzir a determinação, não como um puro limite e um contrário, mas tirando dela, e concebendo-o, o conteúdo positivo e o resultado; só assim a dialética é desenvolvimento e progresso imanente. Tal dialética não é, portanto, a ação extrínseca de um intelecto subjetivo, mas sim a alma própria de um conteúdo de pensamento de onde organicamente crescem os ramos e os frutos. Enquanto objetivo, o pensamento apenas assiste

ao desenvolvimento da ideia como atividade própria da sua razão e nenhum complemento lhe acrescenta da sua parte. (Hegel, 1997, p. 33)

Assim, é possível explicar a razão e o real por meio da própria razão. A razão se constitui por um princípio de identidade entre opostos. A dialética é composta de uma série de unidades, das quais Hegel designa três, a saber, tese (afirmação), antítese (negação) e síntese (superação), analogamente à composição do silogismo aristotélico. O que possibilita a articulação entre essas fases é a contradição, aludindo-se assim à noção heraclitiana de devir. O que promove o movimento para Hegel é a contradição. Tal princípio rege não somente a razão, mas também a realidade. Para entendermos essa noção de movimento, vale conferir a explanação do próprio autor:

> O botão desaparece no desabrochar da flor, e poderia dizer-se que a flor o refuta; do mesmo modo que o fruto faz a flor parecer um falso ser-aí da planta, pondo-se como sua verdade em lugar da flor: essas formas não só se distinguem, mas também se repelem como incompatíveis, entre si. Porém, ao mesmo tempo, sua natureza fluida faz delas momentos da unidade orgânica, na qual, longe de se contradizerem, todos são igualmente necessários. É essa igual necessidade que constitui unicamente a vida do todo. (Hegel, 1997, p. 22)

Esse movimento é constante, de modo que se entende a tese como o momento da afirmação; a antítese, contrariamente, é a negação; a síntese é a negação da negação, momento em que se chega à razão absoluta ou à consciência de si. Esse fluxo sustenta a natureza perene do movimento, de superar e renovar. É importante salientar que a visão dialética de Hegel é idealista, pois o ponto de partida para a compreensão da realidade se dá pela razão. Há aí um princípio de equivalência entre razão e realidade. Esse é o ponto da tese hegeliana criticado por Marx.

O ponto de partida para a possibilidade de entendimento se remete à práxis, na perspectiva marxista, e à essência, na hegeliana. Desse modo, no que diz respeito à noção de sujeito, para Hegel, a constituição deste é decorrente da razão. Para Marx, o sujeito é uma implicação das condições materiais nas quais se encontra inserido. Para entender o sujeito sob o ponto de vista marxista, precisamos levar em conta, portanto, as relações sociais e a dimensão das forças de produção.

Vamos nos deter aqui em apontar esse movimento, de modo que nosso objetivo principal será apresentar possibilidades de pesquisa, e não nos aprofundar nos sistemas ou avaliá-los. Assim, procuramos demonstrar os elementos básicos da tradição dialética chamando a atenção para a necessidade de considerar os elementos materiais constitutivos da realidade.

3.2
Foucault: arqueologia e genealogia

O filósofo francês Michel Foucault (1926-1984) apresentou contribuições importantes para se entender a organização das sociedades e instituições por meio da estrutura do poder. Em seus processos arqueológico e metodológico, é possível lançar um novo olhar sobre a história, não somente por seus fatos, mas também pela natureza de seus discursos.

A proposta arqueológica foi apresentada por Foucault em 1969, em uma obra intitulada *Arqueologia do saber*. Esse método buscava investigar a história das ideias. Ao analisarmos as formas de conhecimento, podemos verificar os processos de continuidade e rupturas, tendo a tarefa de avaliá-los e reinterpretá-los. O método foucaultiano se propõe a entender a origem e as transformações dos saberes.

Judith Revel sintetiza bem a noção de arqueologia de acordo com a compreensão foucaultiana:

> O termo "arqueologia" aparece três vezes no título da obra de Foucault – Nascimento da clínica. Uma arqueologia do olhar médico (1963), As palavras e as coisas. Uma arqueologia das ciências humanas (1966) e Arqueologia do saber (1969) – e caracteriza até o final dos anos 70 o método de pesquisa do filósofo. Uma arqueologia não é uma "história" na medida em que, como se trata de construir um campo histórico, Foucault opera com diferentes dimensões (filosófica, econômica, científica, política etc.) a fim de obter as condições de emergência dos discursos de saber de uma dada época. Ao invés de estudar a história das ideias em sua evolução, ele se concentra sobre recortes históricos precisos – em particular, a idade clássica e o início do século XIX –, a fim de descrever não somente a maneira pela qual os diferentes saberes locais se determinam a partir da constituição de novos objetos que emergiram num certo momento, mas como eles se relacionam entre si e desenham de maneira horizontal uma configuração epistêmica coerente. (Revel, 2005, p. 16)

Foucault percebe que os saberes não se constituem por uma realidade isolada, eles influenciam as instituições e as sociedades. Para caracterizar seu método, o filósofo distingue a análise arqueológica da história das ideias com base em quatro elementos:

- A arqueologia não busca definir as representações ou imagens que se desvelam ou se ocultam nos discursos, mas os discursos como práticas que se estabelecem por meio de regras.
- A arqueologia está voltada para a compreensão dos discursos em suas especificidades, apontando a irredutibilidade das regras que se instauram a qualquer outra forma. Não se trata, portanto, de desenvolver uma doxologia ou uma análise diferencial dos discursos.
- A arqueologia se debruça em entender as regras das práticas discursivas em que se desdobram as obras, por vezes, direcionando-as inteiramente.

* O objeto do estudo arqueológico se refere à construção sistemática dos discursos, o que o impede de ser especulativo.

A noção de arqueologia remete à ideia de *arché*, ou seja, de *origem*. Além de investigar os documentos, a proposta arqueológica de Foucault não se restringe a eles, procurando entender quais são as origens, não como resquícios inertes do passado, e sim como propriedades que interferem nas práticas discursivas, o que leva à genealogia.

> Desde a publicação de *As Palavras e as Coisas* (1966), Foucault qualifica seu projeto de arqueologia das ciências humanas mais como uma "genealogia nietzschiana" do que como uma obra estruturalista. Esse conceito é retomado e precisado, em 1971, em um texto sobre Nietzsche: a genealogia é uma pesquisa histórica que se opõe ao "desdobramento meta-histórico das significações ideais e das indefinidas teologias'", que se opõe à unicidade da narrativa histórica e à busca da origem, e que procura, ao contrário, a "singularidade dos acontecimentos fora de qualquer finalidade monótona?". A genealogia trabalha, portanto, a partir da diversidade e da dispersão, do acaso dos começos e dos acidentes: ela não pretende voltar ao tempo para restabelecer a continuidade da história, mas procura, ao contrário, restituir os acontecimentos na sua singularidade. (Revel, 2005, p. 52)

O método genealógico não pode ser entendido conforme o empirismo tradicional, pois o interesse está em entender os saberes específicos, marcados pela descontinuidade. Desse modo, também não se refere a uma proposta positivista tradicional. Não se aplica aí a visão de continuidade ou progresso. A genealogia permite investigar as rupturas. Os saberes constituídos historicamente não são fósseis inertes, eles se estendem até nós e subsidiam o entendimento das manifestações discursivas atuais.

Foucault não é um apologeta da descontinuidade dos saberes, mas busca entender as causas das rupturas. O filósofo não pretende elaborar uma regra universal para compreender a totalidade do tempo histórico; ao contrário, suas pesquisas se concentravam em recortes específicos, como em *A história da loucura* ou *Vigiar e punir*. De modo geral, a metodologia foucaultiana se dedica a entender a problemática política da epistemologia científica. Não se trata de investigar as razões externas que influenciam a composição dos enunciados científicos, mas as relações de poder que os permeiam.

Com base nisso, Foucault busca entender a noção de poder e, com esse intuito, desenvolve uma série de conceitos, como o de *controle* e o de *biopoder*. O filósofo traz contribuições importantes ao pesquisador em filosofia na medida em que possibilita compreender, pelo estudo do discurso, as manifestações de poder.

3.3
Filosofia analítica

Em seu livro *Analíticos e continentais* (2002), a filósofa italiana Franca D'Agostini (1952-) apresenta as duas grandes tradições da filosofia contemporânea. Nesse momento, apresentamos as linhas gerais da filosofia analítica e, no que segue, da filosofia continental.

Danilo Marcondes (2004) afirma que a expressão *filosofia analítica* pode ser entendida de pelo menos dois modos. De forma mais geral, indica certa maneira de filosofar usando o método analítico para a pesquisa de problemas filosóficos. O sentido mais específico se refere à tradição inaugurada no final do século XIX, a qual se desenvolve ao longo do século XX e chega até nós nos dias atuais. Não obstante, mesmo nesse sentido mais específico, a filosofia analítica se remete a uma série de tendências, como as críticas à metafísica e às correntes idealistas por meio do método de análise. Os campos da lógica e da linguagem são cruciais para o desenvolvimento do método analítico. O debate acerca do que seja análise em filosofia não se encontra encerrado, havendo uma pluralidade de abordagens no que se refere a ele.

Não se trata exatamente de uma novidade, até porque as interpretações filosóficas estão atreladas a uma tradição. Na Grécia, a filosofia nasceu como um esforço de compreender a realidade para além de percepção ordinária do mundo de então. Há uma série de coisas que não são reveladas espontaneamente, exigindo, desse modo, a análise. Analisar significa dividir, distinguir noções elementares e defini-las. Essas definições primeiras têm o papel de compreender as classificações derivadas delas. Definir é significar noções e conceitos. Para a filosofia analítica contemporânea, os conceitos são elementos linguísticos, daí a recorrência à linguagem para o desenvolvimento de seus métodos. De forma geral, só e possível filosofar por meio dos conceitos; portanto, por meio da linguagem.

No prefácio de *Tractatus Logico-Philosophicus*, Wittgenstein demarca a relação entre pensamento e linguagem:

> O livro trata dos problemas filosóficos e mostra – creio eu – que a formulação desses problemas repousa sobre o mau entendimento da lógica de nossa linguagem. Poder-se-ia talvez apanhar todo o sentido do livro com estas palavras: o que se pode em geral dizer, pode-se dizer claramente; e sobre aquilo de que não se pode falar, deve-se calar. O livro pretende, pois, traçar um limite para o pensar, ou melhor – não para o pensar, mas para a expressão dos pensamentos: a fim de traçar um limite para o pensar, deveríamos poder pensar os dois lados desse limite (deveríamos, portanto, poder pensar o que não pode ser pensado). O limite só poderá, pois, ser traçado na linguagem, e o que estiver além do limite será simplesmente um contrassenso. (Wittgenstein, 1994)

O método analítico é inaugurado no final do século XIX e, como na maioria das vezes quando se trata de filosofia, é difícil atribuir mérito a apenas um pensador. O alemão Gottlob Frege trouxe contribuições acerca da necessidade de um método que superasse a constituição de ambiguidades para o desenvolvimento do conhecimento científico.

Seus trabalhos influenciaram pensadores como Ludwig Wittgenstein, Bertrand Russell e Edward Moore (1873-1958) na Grã-Bretanha. Apesar da pluralidade de perspectivas, esses pensadores recorriam à linguagem para o desenvolvimento da análise filosófica e, de modo geral, combatiam a tradição idealista alemã marcada pelas influências do kantismo e do hegelianismo.

Nesse sentido, vale ressaltar o papel do Círculo de Viena, que envolveu pensadores como Rudolf Carnap e Mortiz Schlick no decorrer da década de 1920. Influenciados pela primeira fase da obra de Wittgenstein, estruturaram, como via metodológica, o positivismo lógico, interessados na superação das ambiguidades e na eliminação da metafísica para o desenvolvimento do pensamento científico. O ponto de partida dos vienenses era os estudos de lógica e linguagem. De acordo com Mario Bunge (1987, p. 7), "pela primeira vez na história reúne-se um grupo de epistemólogos, alguns deles profissionais, com o fito de trocar ideias e mesmo de elaborar coletivamente uma nova Epistemologia, o empirismo lógico". Apesar das peculiaridades dos sistemas desenvolvidos por cada um desses pensadores, é possível indicar ao menos dois elementos em comum para todos eles: a metodologia de análise lógica e a radicalização do empirismo.

A metodologia analítica permite uma revisão da tradição filosófica ocidental por meio da fundamentação lógica e dos esforços de superação da metafísica. O fragmento disposto a seguir é capaz de traduzir, em parte, o pensamento dos filósofos do Círculo de Viena:

> Toda corrente filosófica define-se em função dos princípios que por ela são considerados básicos e aos quais, em seus argumentos, sempre de novo retorna. No decurso do desenvolvimento histórico, os princípios não costumam permanecer inalterados. [...] quando se mesclam [...] as mais diversas formulações e interpretações de princípios, neste caso origina-se uma grande confusão [...]. Tais equívocos e imprecisões

somente desaparecem quando se procura distinguir os diversos princípios uns dos outros e se examina o sentido e a verdade de cada um deles. (Schlick; Carnap, 1988, p. 39)

A tradição analítica permite uma vasta série de investigações críticas acerca de problemas filosóficos clássicos. Suas contribuições influenciam áreas como as das ciências da natureza, ciências humanas e até a inteligência artificial. Nas últimas décadas, as análises de ordem lógico-linguísticas se desdobraram pelo campo da semântica em ramos que vão desde as análises dos discursos até a filosofia da mente, que investiga temas clássicos da filosofia, como o dualismo mente-corpo e a natureza do conhecimento. A análise é reconhecida por sua possibilidade de interação com áreas externas à filosofia. Trata-se de mais um percurso possível para a pesquisa filosófica.

3.4
Filosofia continental

A concepção de filosofia continental recebe a conotação geográfica que distingue a filosofia produzida no continente europeu da filosofia produzida pelos anglo-saxões. Precisamos ter cautela nesse âmbito, pois não significa que todo pensador do continente europeu produz filosofia continental ou que todo pensador de língua inglesa produz filosofia analítica. A expressão *filosofia continental* designa certo modo de fazer filosofia não tão ancorado nos formalismos lógicos ou nas análises sintáticas da linguagem. Decorre de uma prevalência histórica e textual e apresenta uma unidade histórico-conceitual, como as influências que dividem as leituras antes e depois de Platão, o racionalismo moderno, e assim por diante. Está muito mais ligada à história e à literatura do que, como a filosofia analítica, às ciências naturais e exatas. Atualmente, é comum que pesquisadores ligados à filosofia analítica adotem, ao seu modo, acepções relacionadas aos sistemas continentais, e vice-versa.

No decorrer da Idade Média, em todos os locais, a prática filosófica ocorria por meio do latim, que era considerada a língua universal da religião (cristã) e da atividade intelectual. Isso se manteve ao longo do Renascimento, tanto é que pensadores como Francis Bacon (1561-1626) e René Descartes produziram escritos em vernáculo. As três grandes críticas kantianas também foram escritas em vernáculo. Christian Wolff (1679-1754), discípulo de Leibniz, escreveu em latim e alemão. Disso decorre que os filósofos ingleses, como Hume (1711-1776) e Berkeley (1685-1753), tiveram de ler os escritos de pensadores franceses e alemães em línguas diferentes das deles. Esse trânsito entre línguas foi intensificado ao longo do século XIX e da primeira metade do século XX, de modo que a ruptura mais intensa entre a filosofia analítica e a continental ocorreu depois da Segunda Guerra Mundial.

A filosofia tradicional, desse modo, se realiza em um âmbito plurilinguístico no qual o domínio de línguas e as traduções se mostram ferramentas importantes. As variações metodológicas não se restringem a suas localizações geográficas. Tanto é que nada impede que a filosofia tradicional seja praticada na América Latina ou em qualquer outro continente diferente do europeu.

Não obstante, há uma série de debates relacionados ao desenvolvimento de métodos filosóficos que partem da universalização da tradição filosófica para entender problemas localizados, como é o caso das filosofias africana e latino-americana. Podemos dizer, portanto, que a práxis filosófica da atualidade depende da interlocução e de ferramentas como a tradução.

Esperamos que, até este ponto, tenha sido possível apresentar àquele que se insere na práxis da pesquisa em filosofia uma série de métodos e caminhos possíveis de acordo com a tradição.

Síntese

Neste capítulo, tratamos de mais alguns percursos metodológicos possíveis para o desenvolvimento da atividade filosófica, a fim de conhecê-los, adotá-los ou estudar vias de contraposição. Primeiro, identificamos a noção de dialética ao longo da história da filosofia; depois, estudamos o embate envolvendo o idealismo hegeliano e a contraposição materialista em Marx.

Apresentamos uma breve perspectiva do método de investigação foucaultiano, que inicialmente realiza uma arqueologia dos saberes e das instituições para, com base nos dados extraídos, desenvolver uma genealogia, ou seja, um estudo da gênese dos saberes e dos discursos que guiaram as práticas morais em diversos contextos. Nesse sentido, Foucault se dedica a estudar diversos tipos de instituição, das prisões até os manicômios.

Identificamos alguns elementos dos métodos analíticos em filosofia, os quais partem do estudo da linguagem por metodologias lógicas para superar a tradição metafísica. A filosofia analítica tem o papel de apresentar vias bastante diversas daquelas praticadas até o século XX, desenvolvendo novas leituras acerca de antigos problemas.

Por fim, notamos que a filosofia analítica não soterra os métodos apresentados pela filosofia continental, chamada assim por sua demarcação geográfica em oposição à filosofia produzida na Inglaterra. No entanto, essa distinção provoca uma série de debates acerca do desenvolvimento de metodologias filosóficas possíveis.

Atividades de autoavaliação

1. Acerca das diferenças entre as interpretações de Hegel e de Marx sobre a dialética, analise as afirmações:
   I) Hegel é considerado um materialista.
   II) Marx é considerado um idealista.
   III) A dialética hegeliana considera a noção de devir (movimento) heraclitiana.
   IV) Marx sustenta que é possível conhecer as contradições da realidade pelo método dialético.

   Assinale a alternativa correta:
   a) As proposições I e II são verdadeiras.
   b) As proposições I e III são verdadeiras.
   c) As proposições I e IV são verdadeiras.
   d) As proposições I, II e III são verdadeiras.
   e) As proposições III e IV são verdadeiras.

2. Quais etapas do método proposto por Foucault considera?
   a) Hermenêutica e metafísica.
   b) Empiricista e racionalista.
   c) Histórica e lógica.
   d) Arqueológica e genealógica.
   e) Moral e política.

3. Sobre as filosofias analítica e continental, analise as afirmações:
   I) A filosofia analítica recebe esse nome por uma conotação geográfica.
   II) Os métodos propostos pela filosofia analítica repousam nos estudos de lógica e linguagem.

III) Os métodos da filosofia continental desconsideram a lógica e a linguagem.

IV) A filosofia analítica se volta para a superação dos problemas metafísicos tradicionais.

Assinale a alternativa correta:
a) As proposições I e II são verdadeiras.
b) As proposições I e III são verdadeiras.
c) As proposições II e IV são verdadeiras.
d) As proposições I, II e III são verdadeiras.
e) As proposições III e IV são verdadeiras.

4. Segundo D'Agostini, a filosofia contemporânea pode ser dividida em quais tradições?
a) Científica e histórica.
b) Lógica e matemática.
c) Linguística e humana.
d) Analítica e continental.
e) Histórica e analítica.

5. O Círculo de Viena é reconhecido amplamente pela sua crítica a qual destas tradições?
a) Doxástica.
b) Epistemológica.
c) Metafísica.
d) Moral.
e) Ontológica.

Atividades de aprendizagem

Questões para reflexão

1. De que modo Wittgenstein considera as relações entre pensamento e linguagem?

2. Caracterize a metodologia adotada pelo Círculo de Viena.

Atividade aplicada: prática

1. Escolha um tema para pesquisa em filosofia e eleja ao menos cinco revistas com artigos publicados sobre o assunto escolhido.

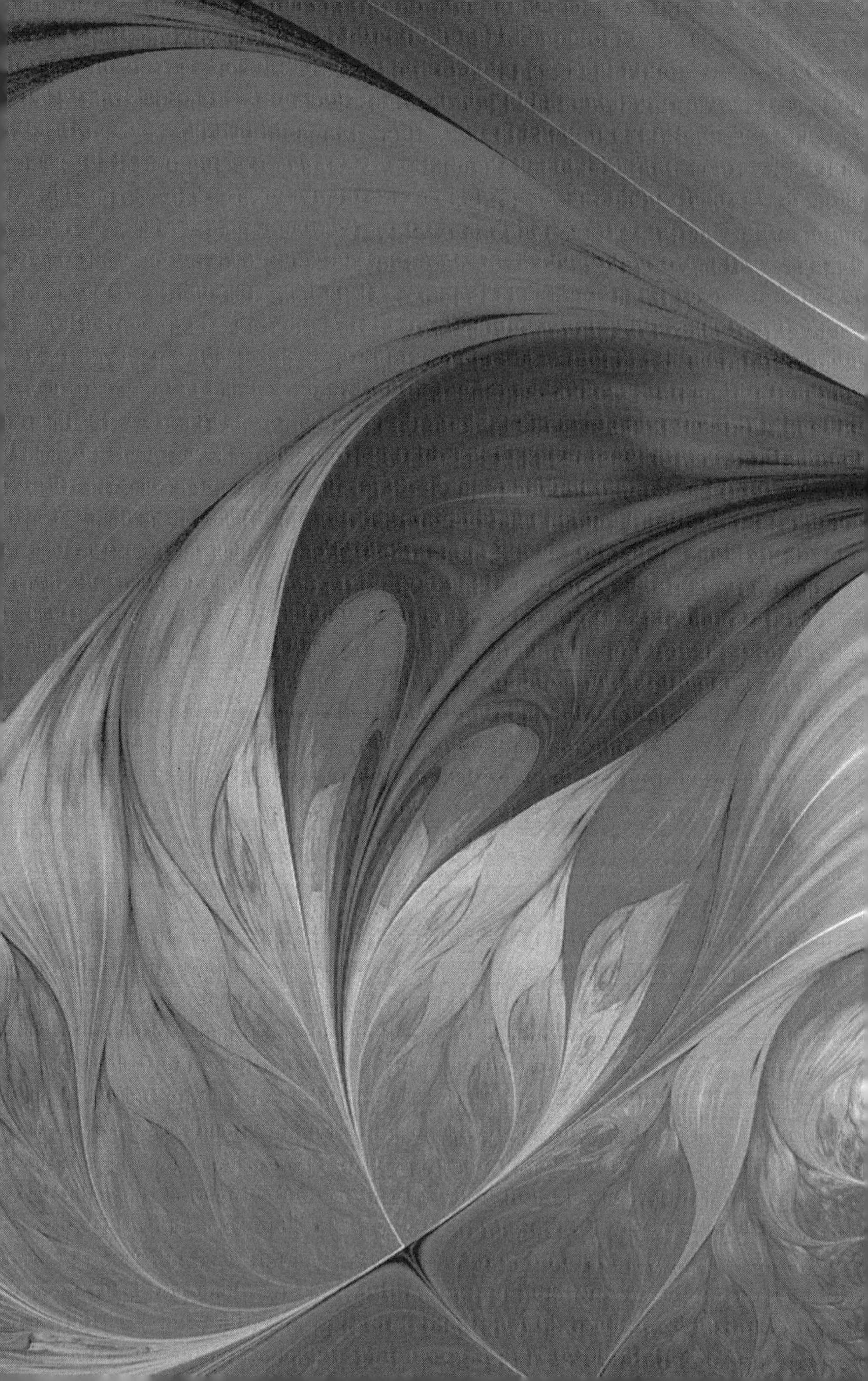

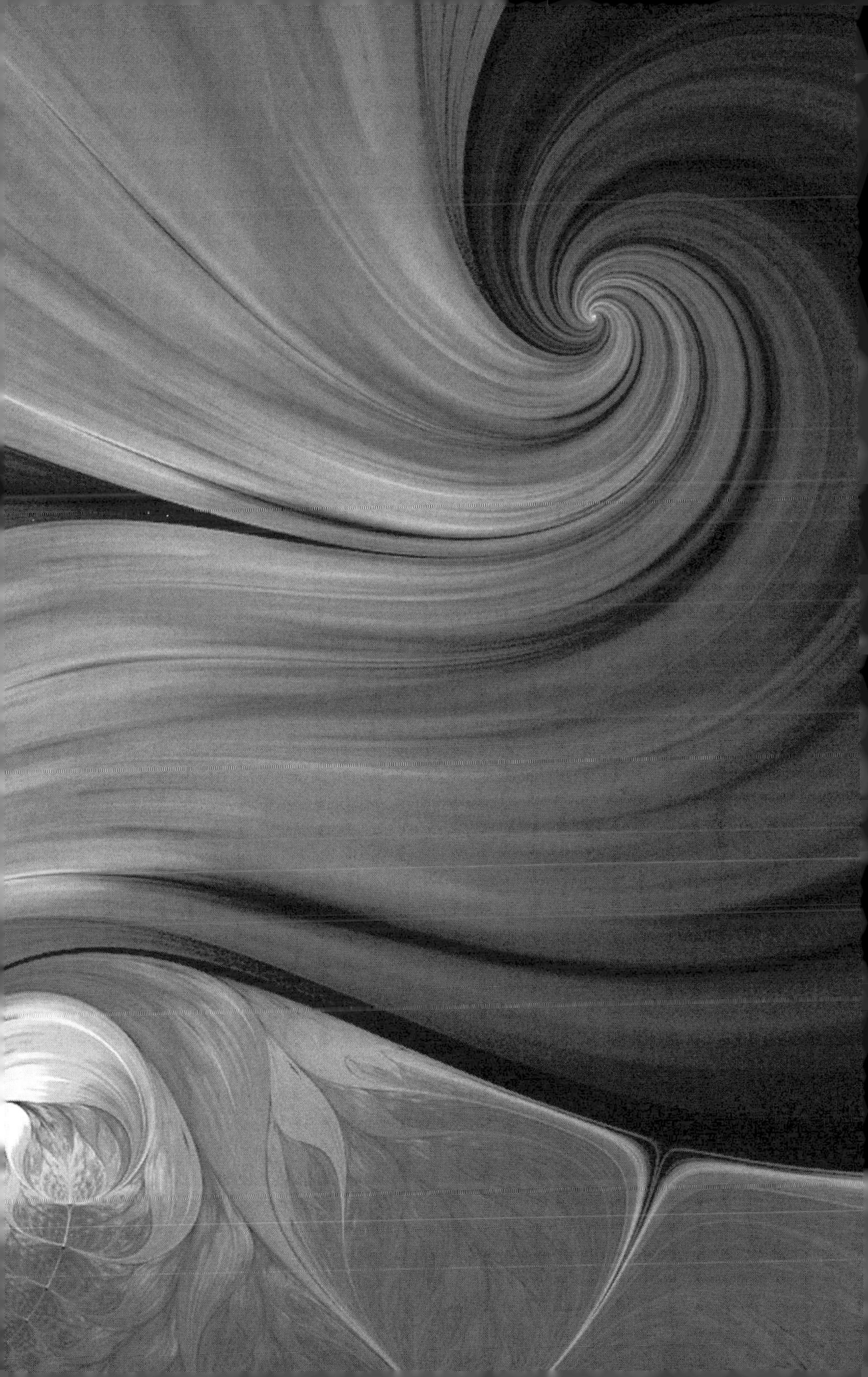

4

Leitura e interpretação dos textos filosóficos

Neste capítulo, abordamos ferramentas metodológicas capazes de subsidiar a iniciação à pesquisa filosófica. Para isso, exige-se do pesquisador o comprometimento com os exercícios práticos. Nesse ponto, também devemos levantar uma questão necessária: Como pesquisar filosofia sem iniciação filosófica?

4.1
Como ler um texto filosófico

Para ler um texto filosófico, é preciso empenhar-se no domínio de conceitos elementares da tradição. Esse movimento só é possível em relação à interface da leitura. A teoria subsidia a pesquisa filosófica acadêmica, pois só é possível escrever um texto filosófico com apoio do legado conceitual.

4.1.1 Elementos materiais da leitura filosófica

Folscheid e Wunenburger (2006) chamam a atenção para o fato de que, para ler textos filosóficos, primeiramente, é necessário ter acesso a eles. Parece algo bastante básico, mas é preciso apontar essa necessidade.

As bibliotecas físicas e virtuais consistem em espaços importantes para o pesquisador em filosofia, uma vez que, possibilitam o acesso a um vasto número de materiais de forma gratuita.

As revistas filosóficas, disponíveis nas formas impressa e virtual, são ferramentas de pesquisa fundamentais, pois permitem ao investigador inserir-se nas discussões mais atuais a respeito da pluralidade dos temas filosóficos, evitando, por vezes, a dedicação a abordagens já superadas.

Os elementos apresentados a seguir não são de forma alguma impositivos, haja vista que cada sujeito tende a adequar-se de acordo com as condições que lhe são viáveis, sendo sempre necessária a habilidade de adaptação. No entanto, são dicas que visam facilitar a organização e a proficuidade da vida acadêmica da melhor forma possível.

Todo aquele que pretende pesquisar filosofia deve se ocupar da composição de uma biblioteca pessoal. É evidente que ela não deve ser composta de maneira imediata, mas sua organização torna o cotidiano de pesquisa mais eficiente. A biblioteca pessoal pode ser organizada por meio de livros, artigos e revistas, tanto físicos quanto digitais. Sua divisão pode ser feita em ordem cronológica da história da filosofia, numa distribuição alfabética de nomes dos autores ou por títulos das obras.

No caso da biblioteca virtual, o pesquisador pode valer-se de serviços, na maioria das vezes gratuitos, de armazenamento na nuvem, tendo em vista que existem *links* de livros e revistas não confiáveis, pois podem deixar de existir. O armazenamento em computadores ou toda sorte de dispositivos físicos também está sujeito à danificação por uso, acidentes, roubos ou quedas de energia.

Fichamentos, mapas conceituais ou outras ferramentas devem ser ordenados de acordo com os temas ou os autores estudados. A manutenção de um arquivo auxilia no desenvolvimento da pesquisa, pois todo o processo envolve registro e seu arquivamento ordenado poupa tempo e retrabalho.

Não é ideal ler o texto filosófico na cama, na varanda ou em ambientes de lazer, pois, embora o ofício filosófico seja prazeroso, a leitura não é uma atividade recreativa e exige frequentes consultas e anotações.

O pesquisador deve empenhar-se em organizar o espaço do modo mais adequado possível, pois ler em camas ou sofás, além de causar o sono, pode resultar em problemas fisiológicos graves, como o desenvolvimento de hérnias de disco. Desse modo, vale recorrer à cadeira mais confortável possível. O ambiente deve ser calmo, pois é fácil perder a concentração ao longo da atividade de pesquisa.

Apresentadas as noções materiais para a prática de pesquisa, partimos para as orientações concernentes a processos metodológicos.

4.1.2 Elementos metodológicos da leitura filosófica

A reflexão filosófica requer o esforço de compreensão do real. A possibilidade de desenvolvimento da pesquisa é feita pela faculdade da comunicação. Devemos considerar a oralidade, visto que as ferramentas tecnológicas atuais permitem a difusão de discursos por palestras, seminários e entrevistas. No entanto, a produção filosófica depende da comunicação escrita – a forma mais eficiente para que conceitos atravessem os séculos e possamos, ainda hoje, "conversar" diretamente com Heráclito e Platão, por exemplo. A escrita nos possibilita registrar nossas contribuições culturais. Dessa forma, é necessário desconstruir a imagem de senso comum de que filosofia não é ofício e de que o filósofo tira as ideias de sua cabeça. Para além de refletir, precisamos comunicar nossas reflexões, para que haja interlocução; devemos nos engajar ao máximo em desenvolver e aprimorar constantemente nossa habilidade de decifrar códigos escritos, ou seja, ler. Assim como o cientista depende do laboratório, o filósofo depende da prática de leitura, atividade fundamental da produção de pesquisa em filosofia:

> A leitura de um texto é a decodificação da mensagem de que se é portador. Trata-se, pois, de uma etapa do processo de comunicação, uma mediação da comunicação. Enquanto a escrita é o processo de codificação da mensagem, pelo autor, a leitura é o processo inverso e simétrico de decodificação da mensagem, pelo leitor. (Severino, 2009, p. 11)

A leitura permite decodificar a linguagem articulada contida no texto e atribuir a ela significado. A interpretação do texto implica que os sujeitos proponham diferentes respostas aos temas já abordados ao longo da tradição. Essa manifestação individual sobre o texto da filosofia mantém a tradição viva, capaz de fornecer respostas para os problemas que venhamos a enfrentar. Cada indivíduo que lê o faz de acordo consigo. Assim, consideramos que esse indivíduo está inserido em um contexto histórico e social específico, que recebe influências culturais específicas e é capaz de contribuir para o enriquecimento e a pluralidade das interpretações filosóficas. Nesse sentido, ressaltamos o papel do pesquisador, de modo que "não existe um método miraculoso que funciona como um processo exterior. É lendo os textos que se aprende a ler os filósofos, não de outro jeito" (Folscheid; Wunenburger, 2006, p. 19).

Para tornar a leitura mais profícua, fornecemos a seguir certo número de processos práticos. Podemos dizer que há duas formas de leitura: a rápida, que tem a tendência à superficialidade; e a aprofundada, que tende a decodificar o texto de modo mais pleno.

4.2
Como compreender um texto filosófico

Folscheid e Wunenburger (2006) entendem que a leitura aprofundada de um texto filosófico deve considerar alguns obstáculos. O primeiro deles é de natureza psicológica, pois podemos ter a impressão de que a leitura não avança. Enquanto um breve romance pode ser lido em poucas horas, o texto filosófico poderá demandar dias ou semanas para quem está iniciando na área. O segundo obstáculo é de natureza filosófica, pois, ao ler o texto, é possível perder-se em detalhes, os quais demandam um sobre-esforço para serem interpretados.

Para chegar a um contrapeso, um exercício interessante ao iniciante é o de "percorrer o todo". Nesse exercício, recomendamos ler o texto "fotograficamente", recorrendo-se apenas à visão e evitando-se pronunciar os termos lidos no decorrer do texto. Esse exercício serve para tomar conhecimento da totalidade de uma obra facilitar a revisão do texto, sendo importante para selecionar os textos relevantes a serem investigados em uma pesquisa. Vale salientarmos que esse movimento não substitui a necessidade da leitura analítica, como apresentamos mais adiante.

A leitura filosófica, no entanto, é chamada por Severino (2009) de **leitura analítica** e tem o propósito é interpretar o texto mais profundamente, levando ao leitor o domínio do conteúdo lido por sua articulação conceitual:

> Por essa modalidade de leitura, entende-se aquela abordagem de um texto a partir dos seguintes objetivos: apreender a mensagem global da unidade de leitura, de modo que o leitor tenha uma visão da integralidade do raciocínio desenvolvido pelo autor, levando-o tanto à compreensão dessa mensagem como à sua interpretação. E a modalidade mais tradicional de leitura, aquela que fazemos quando lemos um romance: uma leitura do começo ao fim. Mas, como veremos, os textos científicos e filosóficos demandam alguns recursos próprios, diferentes daqueles que usamos na leitura dos textos literários, jornalísticos ou coloquiais. É que a ciência e a filosofia são modalidades diferenciadas de conhecimento, usando termos e conceitos em níveis diferentes dos que são usados na linguagem coloquial e na literatura. (Severino, 2009, p. 11)

A leitura filosófica deve ser feita com bastante atenção, interpretando-se os termos de modo a extrair deles todo o significado possível e evidenciando-se os pressupostos e as teses que se dispõem ao longo dos parágrafos. Vale eleger um texto para realizar esse exercício e investir, por exemplo, 30 minutos em cada página ou 10 minutos em cada parágrafo. O objetivo desse exercício é tornar-se capaz de explicar o texto claramente, pois, como diria Wittgenstein, somos capazes de falar somente daquilo que sabemos.

Outra possibilidade de exercício é a mista, que consiste em executar uma leitura rápida, para saber da disposição geral do texto e, depois, aprofundar-se nos detalhes. Esse exercício exige constância para que haja desenvolvimento das habilidades de leitura. Vale exercitar-se com textos de autores e linhas de pesquisa diferentes. O objetivo é que o pesquisador alcance um ritmo de leitura normal, tornando mais profícua a relação entre tempo disposto e resultado obtido.

A tomada de notas é essencial para que o domínio dos textos se concretize. Essa atividade auxilia na fixação das noções ao mesmo tempo que exercita a capacidade de estabelecer relações entre conceitos e sistemas filosóficos.

Há duas ferramentas frequentemente usadas para a tomada de notas: o **fichamento**, que consiste em tomar notas sobre a compreensão do texto parágrafo a parágrafo; e o **mapa conceitual**, ou seja, uma representação gráfica dos conceitos que estabelece visualmente as articulações entre eles. Esses recursos apresentam três propósitos. O primeiro se refere ao domínio do conteúdo textual propriamente dito, pois ajuda a fixar os assuntos estudados. O segundo é o de documentar o estudo, a fim de facilitar as consultas posteriores, de modo que, muitas vezes, não se faz necessário recorrer aos textos originais, bastando acessar as notas para o desenvolvimento das pesquisas. O terceiro objetivo é o de indicar caminhos ou alternativas de pesquisa possíveis pela articulação entre os conceitos e as teses.

Ressaltamos, portanto, que a atividade de leitura de textos filosóficos para o pesquisador é um constituinte fundamental de seu ofício. Desse modo, ele deve se aplicar em dominar as técnicas de leitura crítica do texto filosófico, como alertam Evandro Barbosa e Thaís Christina Alves da Costa:

> Quando iniciamos os estudos filosóficos, a primeira mudança de atitude que devemos ter é em relação à maneira com que encaramos a leitura. A leitura, que anteriormente foi livre e sem grandes exigências, agora precisa ser crítica. Essa nova forma de leitura requer uma compreensão mais abrangente do texto e mobiliza as capacidades cognitivas do leitor, como as de sintetizar ideias, abstrair conceitos, relacionar teorias, entre outras. Para que seja estabelecido um diálogo coerente

com o texto, podemos fazer perguntas que nos levem a compreender a complexidade do problema em questão. Para uma leitura crítica, devemos ler o texto no mínimo quatro vezes. Na primeira leitura, você irá apenas ambientar-se com o texto, ou seja, conhecê-lo saber do que se trata, mas sem escrever nada ou tentar apreender algum conceito. (Barbosa; Costa, 2015, p. 47)

Com essas ferramentas recursais para a leitura dos textos filosóficos, você pode desenvolver práticas de pesquisa profícuas.

4.3
Recursos linguísticos e semântico-gramaticais

A pesquisa em filosofia não se reduz à interpretação semântico-gramatical; não obstante, esta é indispensável para uma leitura adequada, sem erros de raciocínio, os quais estão mais vinculados a questões linguísticas do que conceituais.

Para além dos tradicionais fichamentos, é possível realizar outros tipos de exercício usando um ferramental linguístico relativamente fácil, com uma primeira decodificação ao transplantar os elementos mais simples do texto investigado para um texto próprio.

Mario Ariel Gonzales Porta (2002) afirma que a tarefa inicial a ser realizada diz respeito à simplificação da estrutura textual a suas regras gramaticais mais simples, levando a uma sequência de frases construídas pela relação sujeito-verbo-predicado comuns na própria língua. Para tanto, o autor indica as seguintes tarefas:

a. identificar termos da própria língua que não me são conhecidos, cujo sentido não me é totalmente presente ou cujo uso, em casos específicos, não corresponde ao habitual;
b. identificar pronomes, em particular os relativos e demonstrativos, e explicitar sua referência efetuando em continuação a substituição sistemática dos primeiros pelos segundos;

c. eliminar em geral as orações subordinadas substituindo-as por principais;
d. eliminar conectivos. (Porta, 2002, p. 63-64)

Como implicação, obteremos uma primeira "tradução", de modo que o texto estará gramaticalmente coeso, mas insuficiente como produção literária.

Ressaltamos, novamente, que nosso propósito não é engessar as possibilidades de produzir filosofia, mas apresentar percursos úteis aos pesquisadores iniciantes. No entanto, vale ressaltar que certa parte dos erros da atividade filosófica acadêmica não é de ordem propriamente filosófica, e sim gramatical.

Os movimentos de leitura e escrita dos textos filosóficos se entrecruzam, de modo que uma boa leitura pode levar a uma boa produção de texto filosófico, muito embora isso não seja determinante. É possível ler bem e não escrever bem, de modo que, para uma boa escrita filosófica, é necessário atentar-se à gramática. O estudo das regras formais da linguagem é necessário àquele que se dedica à atividade filosófica, pois o modo pelo qual se produz filosofia acadêmica é o uso da linguagem.

Para tanto, é preciso escrever respeitando-se rigorosamente as normas gramaticais. Distanciar-se dessas normas é reservado àqueles que escrevem literatura, e não filosofia.

É necessário avaliar e reavaliar os textos que venham a ser escritos. Vale considerar que o texto final será aquele revisitado depois de certo espaço de tempo, o que nos causa a impressão de estar lendo o texto de um terceiro, pois, quando acabamos de escrever, tendemos a não notar os próprios erros.

A segunda tarefa indicada por Porta (2002) diz respeito à necessidade de identificação da terminologia técnica que envolve o texto pesquisado. Depois de compreender as construções linguísticas tradicionais, é preciso considerar a terminologia técnica adotada pela filosofia. Nesse âmbito, é possível comparar a filosofia a outros campos, tais como a engenharia ou a química, searas que dependem de uma terminologia técnica precisa para o desenvolvimento ou a aplicação de suas investigações.

No caso da filosofia, a terminologia técnica pode estar relacionada a uma tradição secular já abordada por vários filósofos de linhas de correntes filosóficas diversas. Quando um texto filosófico se refere à noção de moral, por exemplo, é importante levar em consideração o contexto de uso do termo, pois esse tema é investigado desde o período clássico da filosofia. Assim, vale levantar perguntas do tipo: *Moral* em que contexto? *Moral* de acordo com qual filósofo? *Moral* conforme qual linha de pesquisa?

Muitas vezes, termos utilizados na linguagem ordinária, tais como *liberdade* ou *lógica*, adquirem tratamentos e interpretações bastante diversos em filosofia, pois receberam uma série de interpretações e abordagens ao longo dos séculos, tal qual a noção de intencionalidade, não no sentido de intenção de ação, mas na filosofia da mente atual. Cunhado por Aristóteles, o termo foi retomado por, entre outros pensadores, Tomás de Aquino, no século XIII, Franz Brentano, no século XIX, e Maurice Merleau-Ponty, no século XX; atualmente, a noção de intencionalidade é investigada por autores como John Searle e Daniel Dennett no estudo da capacidade de referencialidade da mente.

Desse modo, é necessário estar atento aos termos técnicos, pois é fácil incorrer em erros de interpretação. O estudo de gramática serve para que não sejamos presos em armadilhas linguísticas como essas.

4.4
Como interpretar e construir uma leitura crítica

Nas etapas anteriores, buscamos compreender a mensagem do emissor e nos deter em seus argumentos textuais, de modo que é imprescindível despir-nos de preconceitos para entender a argumentação em seu sentido objetivo. Na leitura crítica, levamos em consideração perspectivas extratextuais, ou seja, precisamos interpelar o autor do texto. Por meio da crítica, as contribuições para o desenvolvimento do conhecimento se fazem presentes; caso contrário, seríamos meros repetidores daquilo que foi feito anteriormente. É nesse momento que se produz a reflexão, pois somente nesse momento é que somos capazes de situar o pensamento do autor e submetê-lo a argumentos não considerados em seu texto.

Os passos apresentados anteriormente não valerão de nada se formos incapazes de desenvolver uma leitura crítica do texto. Isso significa dizer que devemos nos posicionar em relação ao texto estudado. Esclarecemos que esse posicionamento não pode ser superficial, apenas para fazer parecer discordar deste ou daquele autor. Antes de tudo, é necessário conhecer os argumentos contrários aos temas estudados, o que pode ser feito estudando artigos de pesquisadores e livros de comentadores do tema – ou mesmo do autor em questão. Desse modo, quanto maior for a carga de leitura, mais habilidoso o pesquisador se tornará em realizar uma leitura crítica do texto.

No âmbito acadêmico, devemos tomar cuidado redobrado para não desenvolver pontos de vista doxásticos, ou seja, superficiais. O pesquisador em filosofia precisa dedicar-se a apoiar seus raciocínios em argumentos não falaciosos ou de senso comum. Os debates em redes sociais são um bom exemplo de como as opiniões podem ser falsas ou infundamentadas. A filosofia foi sempre uma área que procurou sair de territórios nebulosos e esclarecer todo tipo de perspectiva que possa parecer misteriosa.

A responsabilidade e o compromisso com a verdade podem ser assustadores, mas, diante disso, alertamos para o fato de que, ainda que vivêssemos por séculos, não conseguiríamos dominar todos os campos da investigação filosófica. A formação no nível de graduação é mais genérica, dada a necessidade de ambientar-se à(s) tradição(ões); no entanto, quanto mais o pesquisador se desenvolve, mais ele se especializa em autores e temas; isso decorre do fato de que é impossível aprofundar-se em tudo.

Para além da carga de leitura acumulada ao longo dos anos, todo aquele que se dedica à pesquisa em filosofia apoia-se nas ferramentas lógicas de argumentação. Elas oferecem elementos para detectar contradições e falácias, a fim de denunciá-las e não repeti-las.

É uma aberração argumentativa quando presenciamos debates em que um pesquisador ataca o outro de forma pessoal – filosofar implica desconstruir argumentos, e não pessoas. Para tanto, é necessário ter domínio sobre o tema em questão e a habilidade de interpretar, acatar ou superar argumentos.

Assim, filosofar também consiste em dialogar. Não refletimos sozinhos. Pensamos apoiados em uma tradição de cerca de 2.700 anos, se considerarmos apenas o pensamento ocidental. Por meio dos escritos, temos a possibilidade de "conversar" com autores que faleceram há muito tempo, mas que mantiveram suas contribuições em seus argumentos. É necessário dialogar com os contemporâneos, acadêmicos ou não, pois nossos argumentos não devem repousar em estantes empoeiradas. A palavra se torna viva quando é discutida textual ou oralmente e contribui para a realidade circundante. Ainda que nosso ofício pareça solitário, diante de pilhas de páginas ou da tela do computador, a filosofia se faz para a atualidade e as gerações futuras de nossa espécie. Portanto, filosofar requer a habilidade de dialogar por vários meios e com os mais diversos interlocutores.

Severino (2009) aponta alguns passos que podem facilitar nosso percurso na pesquisa em filosofia:

1. Situar o conteúdo no contexto em que foi desenvolvido, considerando-se aspectos históricos e biográficos da obra e então verificar como ela se insere no âmbito de suas investigações.
2. Compreender o papel das contribuições do autor diante da história do pensamento no que diz respeito a sua área de pesquisa.
3. Trazer à tona os pressupostos relacionados ao texto. Pressupostos são princípios não apresentados de forma explícita, mas que compõem determinado universo cultural ou de investigação.
4. Relacionar ideias próximas daquelas que são encontradas no texto. Trata-se de perspectivas que se aproximam em um âmbito teórico, coerentes ou contrárias àquilo que o autor enuncia.
5. Elaborar críticas relativas ao desenvolvimento do texto, tanto positivas quanto negativas. É importante avaliação do texto, posicionando-se em relação à(s) mensagem(ns) transmitida(s) pelo autor. Com isso, podemos definir se concordamos com o autor ou discordamos dele.

A última etapa pode ser difícil para o pesquisador iniciante, pois esse tipo de posicionamento requer certo arcabouço intelectual. Porém, é necessário dedicar-se a isso, pois esses esforços darão sustento ao desenvolvimento. Uma graduação em filosofia é destinada ao estímulo e à criação dessa fundamentação.

4.5
Ressignificação lógica do texto filosófico

Nas etapas anteriores, vimos como a leitura de um texto requer sua decodificação e, para tanto, vale começar pela exclusão de todos os elementos literários e deter-se em sua composição lógico-gramatical, observando-se a compreensão da terminologia técnica – a partir daí, é possível compreeder a mensagem que o autor enunciou.

O desenvolvimento de uma leitura crítica requer analisar aspectos externos ao texto. Desse modo, a validação de uma leitura crítica como verdadeira deve relacionar-se tanto à composição interna do texto quanto a sua inserção na tradição em relação a outros autores e comentadores.

A pesquisa em filosofia considera, portanto, que o texto não se encerra nele mesmo, mas nas configurações de relação entre conceitos e autores ao longo da história. Nenhum texto ou interpretação ocorre de forma independente de tal rede de conceitos e perspectivas.

Assim, devemos priorizar o desenvolvimento de um ponto de vista lógico em detrimento de um psicológico. Ou seja, a interpretação textual deve ser metódica e considerar os elementos intra e extratextuais citados, ou correremos o risco de poluir as leituras com um sem-número de crenças frágeis, o que pode se alastrar para outras interpretações e produzir conclusões falsas mesmo que decorrentes de um trabalho árduo. A esse respeito, Porta (2002, p. 71-72) afirma:

> Se, do ponto de vista lógico, o sentido de uma proposição é independente de seu valor de verdade, do ponto de vista psicológico nem sempre é assim. Só entendo realmente quando tomo consciência que o entendido pretende ser verdadeiro e isso acontece, por regra geral, quando percebo que se opõe a uma de minhas crenças. O movimento

do entender só é possível se, ao mesmo tempo, é acompanhado de um movimento de explicitação de minhas crenças. Se essas permanecem sem ser tematizadas, atuam como larvas que "apodrecem" a compreensão. Toda compreensão está ameaçada por uma certa "esquizofrenia". O leitor não vincula, mas mantém o que ele crê e o que o filósofo afirma em compartimentos estanques. Ele "compreende" que, segundo Kant, a física supõe princípios a priori. Não obstante essa compreensão, ele não situa a tese crítica em relação a sua crença (que se mantém incólume) de que a física é uma ciência "empírica" e que, como tal, se baseia unicamente na "percepção". Só quando deixamos por um instante Kant de lado e "obrigamos" o nosso leitor a tomar consciência do que ele crê, é que ele percebe que propriamente não havia entendido o ponto de vista crítico sobre a questão. Entendê-lo não implica abandonar a própria crença e sim tornar se consciente de que ela é incompatível com a tese kantiana (e quiçá tão problemática quanto ela). É muito comum deformar para entender, fazer dizer ao autor algo que possa ser aceito por nós sem maiores conflitos. O aparecimento da questão da verdade "em concreto", como referida às minhas crenças mais firmes, me "desperta" de minha "tolerância monadológica" (a qual, em realidade, não é fruto da benevolência, mas do egocentrismo). É aqui que deixo de ler o filósofo como um delirante e tomo consciência de que o que ele afirma contradiz algo que considero verdadeiro. E agora que o discordar já não é um obstáculo incômodo à compreensão, mas um momento dela.

O instrumental lógico atrelado às articulações conceituais produzidas pela história da filosofia proporciona a possibilidade de leitura e argumentação metódica, auxiliando na superação de perigosas crenças.

Síntese

Neste capítulo, apresentamos ferramentas essenciais à leitura dos textos filosóficos. Folscheid e Wunenburger (2006) chamam a atenção para a necessidade organizacional do espaço e dos materiais para que as práticas de pesquisa sejam profícuas.

Também abordamos os elementos linguísticos essenciais para a leitura e a compreensão do texto filosófico. Para tanto, distinguimos as formas de leitura. No caso da pesquisa filosófica, não é possível apoiar-se nas práticas de leitura rápida, pois o texto filosófico requer atenção, de modo que existem alguns mecanismos práticos possíveis.

Para uma leitura de qualidade, é necessário preocupar-se com a composição semântico-gramatical do texto, eliminando-se os elementos psicológicos e literários e atendo-se ao núcleo dos argumentos. Os textos filosóficos se compõem de uma linguagem técnica, o que requer atenção, de modo que palavras usadas ordinariamente podem sugerir diversos sentidos e interpretações de acordo com o contexto filosófico que se pretende investigar.

Os instrumentos apresentados possibilitam a realização de uma leitura crítica, ou seja, ao final do processo, o leitor deve ser capaz de compreender o texto inserido em seu universo de pesquisa específico, criar relações entre diferentes textos e autores e, finalmente, posicionar-se diante do texto lido de acordo com uma metodologia filosófica específica.

Atividades de autoavaliação

1. De acordo com a avaliação de Folscheid e Wunenburger (2006) acerca da organização material da pesquisa filosófica, avalie as afirmativas a seguir:

    I) É possível produzir pesquisa em filosofia em qualquer lugar.

    II) A organização do espaço e dos materiais de pesquisa são importantes para um bom ordenamento da metodologia.

    III) A organização da biblioteca (física ou virtual) retira o tempo que o pesquisador poderia dedicar à leitura de textos.

    IV) A pesquisa em filosofia deve contar com as ferramentas atuais, tais como o uso de textos virtuais e o armazenamento de arquivos em nuvem.

    Assinale a alternativa correta:

    a) As proposições I e II são verdadeiras.

    b) As proposições I e III são verdadeiras.

    c) As proposições I e IV são verdadeiras.

    d) As proposições I, II e III são verdadeiras.

    e) As proposições II e IV são verdadeiras.

2. Sobre as formas de leitura do texto filosófico, é correto afirmar que:

    a) As leituras rápidas aumentam a produtividade do pesquisador.

    b) A leitura do texto filosófico deve ser feita com atenção, por isso tende à leitura analítica.

    c) Na leitura analítica, deve-se desconsiderar os elementos semântico-gramaticais e ater-se ao conteúdo filosófico.

    d) A estrutura lógica do texto corre o risco de suplantar a reflexão filosófica.

    e) A habilidade de pesquisar filosofia é adquirida naturalmente.

3. Considere as proposições a seguir sobre a compreensão do texto filosófico:
   I) Para compreender qualitativamente um texto filosófico, vale situar seus conteúdos no contexto em que foram desenvolvidos.
   II) Todo texto filosófico basta por ele mesmo, ou seja, para sua efetividade, deve poder desvincular-se da tradição filosófica.
   III) A compreensão do texto filosófico exige o conhecimento de pressupostos que nem sempre se apresentam de forma explícita no texto.
   IV) Uma leitura de qualidade deve sempre discordar do autor para provar a superioridade do leitor.

   Assinale a alternativa correta:
   a) As proposições I e II são verdadeiras.
   b) As proposições I e III são verdadeiras.
   c) As proposições I e IV são verdadeiras.
   d) As proposições I, II e III são verdadeiras.
   e) As proposições II e IV são verdadeiras.

4. Cada gênero textual exige um tipo de leitura diferente. A mais adequada aos textos filosóficos é denominada de:
   a) leitura rápida.
   b) leitura dinâmica.
   c) leitura longa.
   d) leitura analítica.
   e) leitura superficial.

5. Para a pesquisa em filosofia é necessário realizar uma leitura crítica, a qual deve considerar elementos:
   a) intra e extratextuais.
   b) psicológicos.
   c) subjetivos.
   d) relativos.
   e) metafísicos.

Atividades de aprendizagem

Questões para reflexão

1. Para a realização de um bom processo de investigação filosófica, o pesquisador deve preocupar-se com o espaço físico de onde irá desenvolver seu trabalho. Desse modo, quais elementos ele deve organizar?

2. Qual é o papel da leitura crítica para a pesquisa em filosofia?

Atividades aplicadas: prática

1. Barbosa e Costa (2015, p. 63) consideram que a ficha de resumo deve apresentar

   > de forma clara e concisa as principais ideias do autor da obra. Não deve ser a compilação da obra e nem ser confeccionada no modelo de sumário, não obstante deve ser fiel ao pensamento e à lógica de pensamento do autor. A ficha de resumo segue a mesma estrutura da confecção de um resumo comum.

   Com base nessas orientações, utilize o modelo a seguir para elaborar uma ficha de resumo do texto apresentado na sequência.

DESCARTES, R. Meditações sobre a filosofia primeira nas quais são demonstradas a existência de Deus e a distinção real entre a alma e o corpo do homem. In: MARÇAL, J. (Org.). **Antologia de textos filosóficos**. Curitiba: Seed, 2009. p. 153.

Insira aqui seu resumo:

_____
_____
_____
_____
_____
_____
_____
_____

Segunda meditação

Da natureza do espírito humano; e que ele é mais fácil de conhecer que o corpo

1. A Meditação que fiz ontem encheu-me o espírito de tantas dúvidas que, de agora em diante, não está mais em meu poder esquecê-las. E, no entanto, não vejo de que forma poderia resolvê-las [...]. Esforçar-me-ei, não obstante, e seguirei mais uma vez a mesma via que percorri ontem, afastando-me de tudo aquilo em que eu puder imaginar a menor dúvida, tal como se soubesse que isso fosse absolutamente falso; e continuarei sempre por esse caminho até que tenha encontrado algo de certo ou, pelo menos, se outra coisa não for possível, até que tenha aprendido certamente que não há nada de certo no mundo.

2. Arquimedes, para tirar o globo terrestre de sua posição e transportá-lo para outro local, nada pedia senão um ponto que fosse fixo e seguro. Assim, terei o direito de conceber altas esperanças, se for feliz o bastante para encontrar somente uma coisa que seja certa e indubitável.
3. Suponho, então, que todas as coisas que vejo são falsas [...]. O que, portanto, poderá ser considerado verdadeiro? Talvez nenhuma outra coisa, a não ser que não há nada de certo no mundo.
4. Diante disso, como é que sei se não há alguma outra coisa diferente das que acabo de julgar incertas, da qual não se possa ter a menor dúvida? Não há algum Deus, ou alguma outra potência, que me ponha no espírito esses pensamentos?

Isso não é necessário; pois talvez eu seja capaz de produzi-los por mim mesmo. Eu, então, pelo menos, não sou algo? Ocorre que já neguei que eu tivesse algum sentido ou algum corpo. Hesito, no entanto, pois o que se segue disso? Sou de tal modo dependente do corpo e dos sentidos que não possa existir sem eles? Eu já me persuadira, contudo, de que não havia nada no mundo, de que não havia céu algum, terra alguma, espíritos alguns, nem corpos alguns; não me persuadi, então, de que eu tampouco existia? Com certeza, não; eu existia sem dúvida, se me persuadi de algo ou se apenas pensei algo. Há, porém, algum não sei qual enganador muito poderoso e muito ardiloso que emprega toda a sua destreza em enganar-me sempre. Não há, pois, dúvida alguma de que sou, se ele me engana; e, que ele me engane quanto quiser, não poderá jamais fazer que eu nada seja, enquanto eu pensar ser alguma coisa.

> Desse modo, após ter pensado bem nisso e ter examinado cuidadosamente todas as coisas, é preciso, enfim, concluir e ter por constante que esta proposição, *Eu sou, eu existo*, é necessariamente verdadeira todas as vezes que a pronuncio ou que a concebo em meu espírito.
>
> Fonte: DESCARTES, R. Segunda meditação: da natureza do espírito humano; e que ele é mais fácil de conhecer que o corpo. In: MARÇAL, J. (Org.). **Antologia de textos filosóficos**. Curitiba: Seed, 2009. p. 160-161.

2. Novamente com base em Barbosa e Costa (2015, p. 63), utilize o modelo a seguir para elaborar a ficha de resumo do excerto apresentado na sequência.

Título da obra:	
Nome do autor:	
	Página ____

Sobre verdade e mentira no sentido extra-moral

Em algum remoto rincão do universo cintilante que se derrama em um sem-número de sistemas solares, havia uma vez um astro, em que animais inteligentes inventaram o conhecimento. Foi o minuto mais soberbo e mais mentiroso da "história universal": mas também foi somente um minuto. Passados poucos fôlegos da natureza congelou-se o astro, e os animais inteligentes tiveram de morrer. Assim poderia alguém inventar uma fábula e nem por isso teria ilustrado suficientemente quão lamentável, quão fantasmagórico e fugaz, quão sem finalidade e gratuito fica o intelecto humano dentro da natureza. Houve eternidades, em que ele não estava: quando de novo ele tiver passado, nada terá acontecido. Pois não há para aquele intelecto nenhuma missão mais vasta, que conduzisse além da vida humana. Ao contrário, ele é humano, e somente seu possuidor e genitor o toma tão pateticamente, como se os gonzos do mundo girassem nele. Mas se pudéssemos entender-nos com a mosca, perceberíamos então que também ela boia no ar com esse *páthos* e sente em si o centro voante deste mundo. Não há nada tão desprezível e mesquinho na natureza que, com um pequeno sopro daquela força do conhecimento, não transbordasse logo como um odre; e como todo transportador de carga quer seu admirador, mesmo o mais orgulhoso dos homens, o filósofo, pensa ver por todos os lados os olhos do universo telescopicamente em mira sobre seu agir e pensar.

É notável que o intelecto seja capaz disso, justamente ele, que foi concedido apenas como meio auxiliar aos mais infelizes, delicados e perecíveis dos seres, para firmá-los um minuto na existência, da qual, sem essa concessão, eles teriam toda razão para fugir tão rapidamente quanto o filho de Lessing. Aquela altivez associada ao conhecer e sentir, nuvem de cegueira pousada sobre os olhos e sentidos dos homens, engana-os pois sobre o valor da existência, ao trazer em si a mais lisonjeira das estimativas de valor sobre o próprio conhecer. Seu efeito mais geral é engano – mas mesmo os efeitos mais particulares trazem em si algo do mesmo caráter.

Fonte: NIETZSCHE, F. Sobre a verdade e a mentira num sentido extra-moral. In: MARÇAL, J. (Org.). **Antologia de textos filosóficos.** Curitiba: Seed, 2009. p. 530-531.

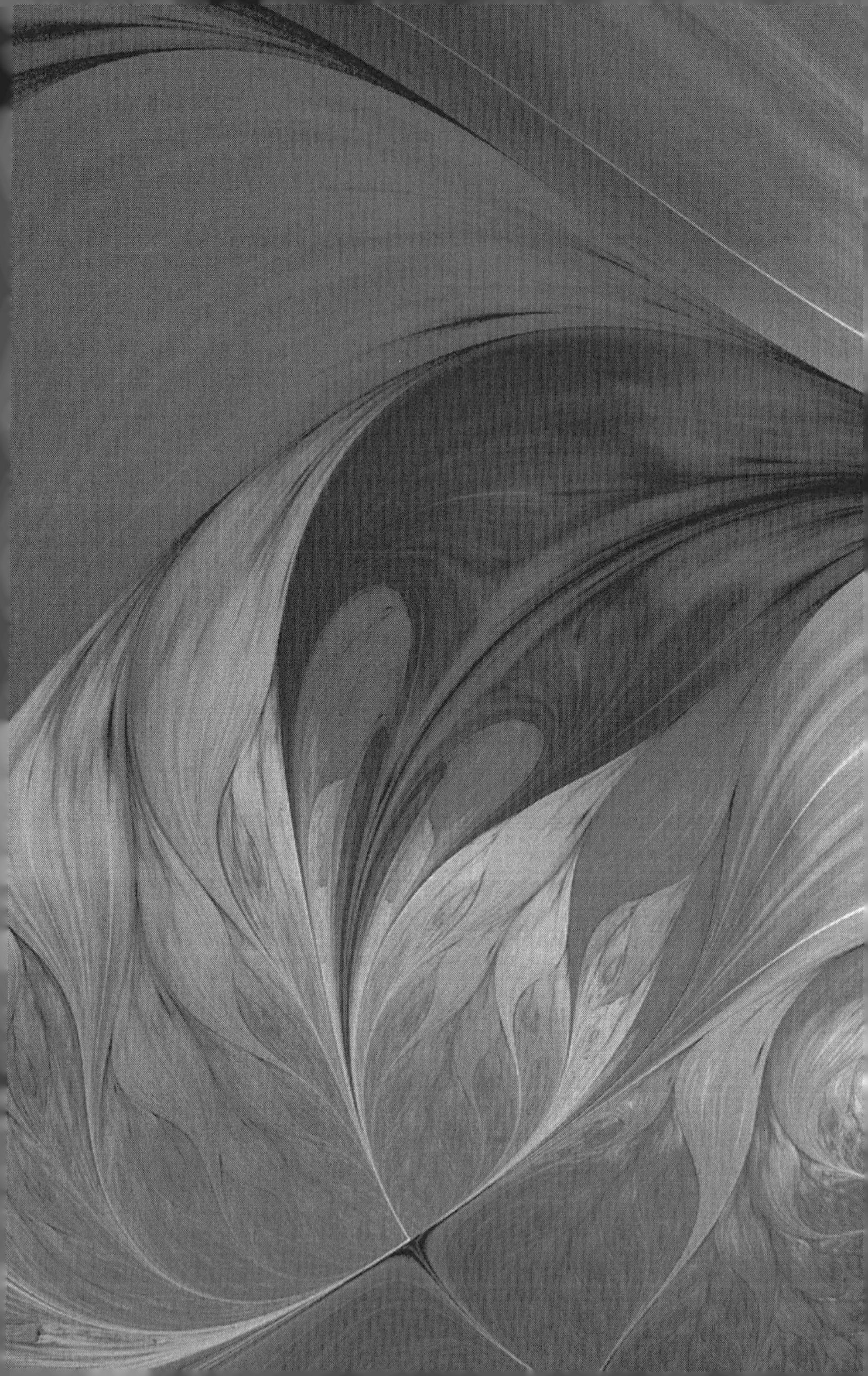

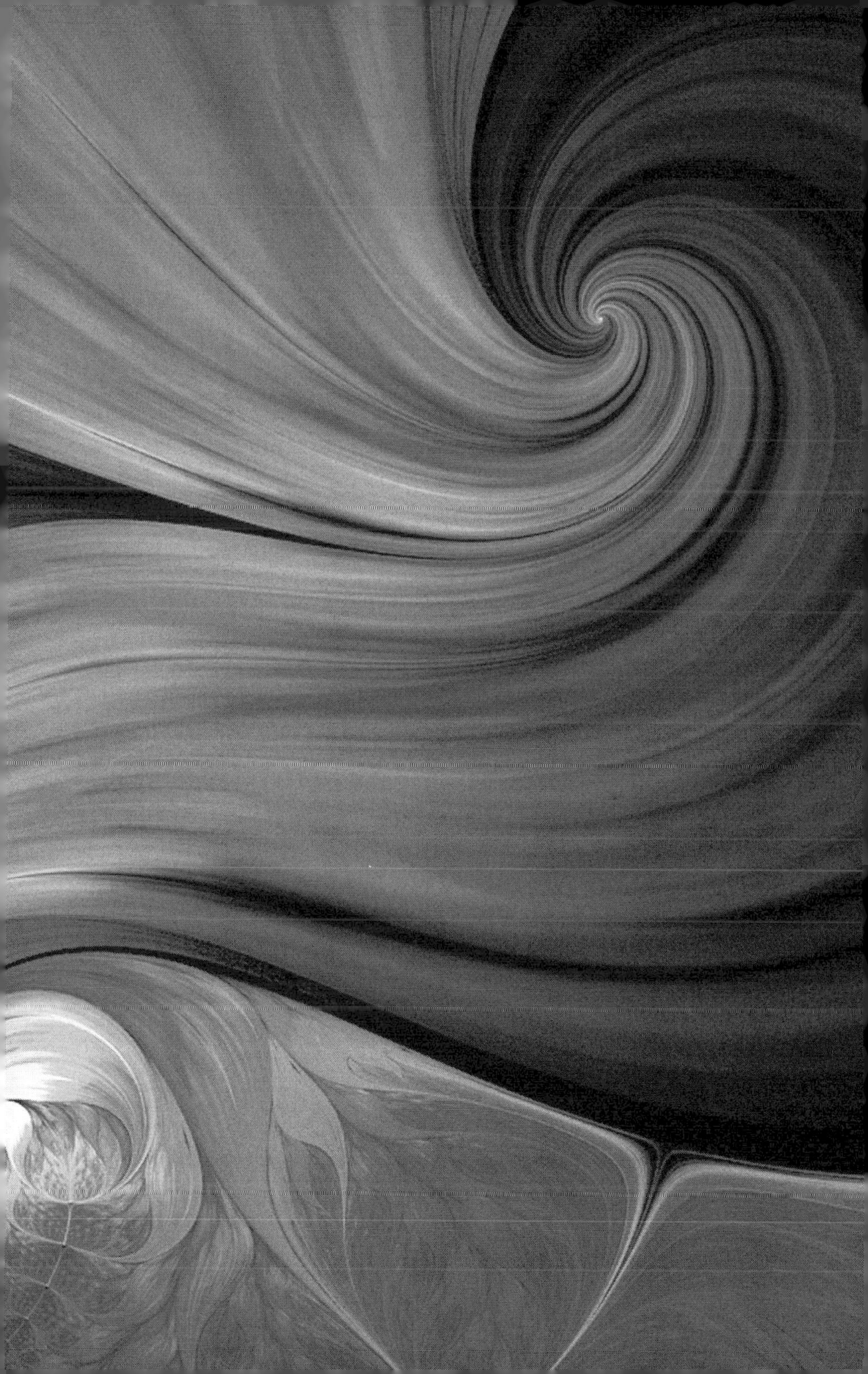

5

Produção de textos filosóficos

Neste capítulo, propormos um percurso prático para a elaboração de textos filosófico, indicando a demarcação do tema, a elaboração do projeto e a escrita do texto em si.

5.1
Como delimitar um problema de pesquisa em filosofia

Dada a amplitude da tradição filosófica ocidental, um dos maiores problemas encontrados pelo pesquisador iniciante reside em delimitar um tema de pesquisa. É recorrente que se escolha um tema demasiado amplo ou se elejam vários filósofos para desenvolver a pesquisa, o que implica pretensões monumentais e trabalhos, muitas vezes, irrealizáveis.

É comum que os temas eleitos pelo pesquisador surjam de certa afinidade com temas ou autores; no entanto, não é rara a escolha de temas que estejam desvinculados de linhas de pesquisa tradicionais ou que sejam por demais abrangentes ou, ainda, que não contem com material bibliográfico suficiente para a fundamentação da pesquisa. Seguem algumas linhas de pesquisa tradicionais na academia:

- História da filosofia
- Antropologia filosófica
- Filosofia geral: problemas metafísicos
- Filosofia política
- Metodologia do ensino de filosofia
- Teoria do conhecimento

5.1.1 Escolha da linha de pesquisa

É coerente iniciar a escolha do tema levando em consideração as grandes linhas de pesquisa em filosofia. Cada programa universitário, nos níveis de graduação e de pós-graduação, oferta eixos ou linhas de pesquisa a serem desenvolvidos pela comunidade acadêmica.

Antes do desenvolvimento do trabalho de conclusão de curso, as instituições estimulam os estudantes a desenvolverem a pesquisa e publicá-la sob a forma de outros gêneros textuais, os quais abordaremos a seguir. Desse modo, é melhor começar a praticar o quanto antes, o que resultará em amadurecimento acadêmico e enriquecimento do currículo e evitará problemas em pesquisas posteriores. Todo trabalho de pesquisa deve considerar um projeto. Vejamos, efetivamente, como construí-lo.

5.1.2 Delimitação do tema

O primeiro passo para a definição do tema é escolher uma das linhas de pesquisa disponíveis. Cada uma delas compreende uma série de autores e temas. Tomemos como exemplo a linha *filosofia política* e nos concentremos nas questoes do contratualismo moderno. Ainda que nosso recorte tenha se aprofundado, é necessário sermos ainda mais precisos, pois o contratualismo é discutido por vários autores da modernidade e compreende vários subtemas. Como exemplo, vamos escolher investigar a noção de vontade geral em Jean-Jacques Rousseau. Essa escolha demanda a elaboração de um problema de pesquisa acerca da noção de vontade geral em Rousseau, o que nos leva à pergunta: Como especificar um problema de pesquisa? Isso só pode ser feito com um levantamento bibliográfico, ou seja, verificando-se os autores relacionados, seus respectivos artigos e livros dedicados ao tema pretendido.

5.1.3 Levantamento bibliográfico

O levantamento bibliográfico pode ser dividido em duas etapas: bibliografia primária (que deve compreender as principais fontes de referência, no caso do exemplo, traduções de textos originais de Rousseau, como *O contrato social* e *Tratado sobre a origem da desigualdade entre os homens*) e bibliografia secundária (que deve compreender livros e artigos dos comentadores e demais pesquisadores acerca do tema, como, nesse exemplo, a obra *A questão Jean-Jacques Rousseau*, de Ernst Cassirer.

Caso se constate que não há bibliografia suficiente para o desenvolvimento do assunto pretendido, é necessário redefinir o tema e realizar novo levantamento bibliográfico, uma vez que não é possível desenvolver pesquisa sem uma fundamentação teórica sólida.

5.1.4 Problema de pesquisa

Mesmo designando um tema acerca da obra de um filósofo, é necessário que o problema a ser desenvolvido seja claro e mais específico, estando em consonância com o levantamento bibliográfico realizado anteriormente. Desse modo, podemos estabelecer a seguinte questão como problema a ser desenvolvido: A noção de vontade geral em Rousseau é suficiente para compreender as crises de representatividade atuais?

Os passos elencados possibilitam a escolha segura de um tema a ser desenvolvido em uma pesquisa para que possamos detalhar como deve ser feito um projeto de pesquisa.

5.1.5 Modelo de projeto de pesquisa

As práticas institucionais podem ser desenvolvidas por meio de um projeto. Sua função é demonstrar a viabilidade da execução, o que não é diferente na prática de pesquisa em filosofia. Veja, a seguir, os componentes pressupostos num projeto de pesquisa:

- **Tema:** Tema de pesquisa em forma de título.
- **Problema:** Problema de pesquisa claro e objetivo, preferencialmente em forma de pergunta.
- **Objetivos:**
  - **Geral:** Objetivo principal a ser atingido na pesquisa, geralmente indicando o que a investigação pretende demonstrar.
  - **Específicos:** Ao menos três objetivos a serem alcançados para que se resolva o objetivo geral.

- **Metodologia**: Descrição do método a ser utilizado na pesquisa. No caso da filosofia, normalmente compreende investigação de material bibliográfico e produção textual.
- **Justificativa**: Demonstração da relevância da pesquisa para o âmbito acadêmico da filosofia e apresentação dos impasses que pretende resolver.
- **Fundamentação teórica**: Apresentação da fundamentação bibliográfica em que a pesquisa pretende se apoiar, o que requer articulação lógica de argumentos, e apresentação de evidências (nesse caso, bibliográficas) que darão sustentação ao desenvolvimento da investigação.
- **Cronograma**: Estabelecimento de prazos para cada etapa do desenvolvimento da pesquisa. Pode ser apresentado em tabela ou tópicos.
- **Considerações finais**: Encerramento do projeto, apresentando uma síntese da articulação de ideias desenvolvidas ao longo do texto.
- **Referências bibliográficas**: Apresentação das referências utilizadas no texto conforme as normas vigentes da Associação Brasileira de Normas Técnicas (ABNT).

5.2
Gêneros textuais na pesquisa em filosofia

Apresentamos agora alguns dos gêneros textuais mais recorrentes na prática de pesquisa filosófica. No entanto, em primeiro lugar, é preciso considerarmos alguns elementos comuns a qualquer texto. Barbosa e Costa (2015) chamam a atenção para o fato de que um texto deve ser composto em três etapas: introdução, desenvolvimento e conclusão. Essas partes asseguram o desencadeamento lógico de ideias de forma coesa.

A introdução apresenta as questões a serem respondidas no desenvolvimento do texto. É importante que o tema seja apresentado de forma intrigante, chamando a atenção do leitor a continuar a leitura pelas próximas páginas. Vale redobrar a atenção na delimitação do tema a ser desenvolvido ao longo do texto; caso contrário, a argumentação pode ficar dispersa ou incoerente.

O desenvolvimento responde às perguntas apresentadas na introdução. É importante dedicar, a depender do gênero, ao menos um parágrafo para responder a cada pergunta colocada na introdução, evitando tratar de mais de um assunto no mesmo parágrafo. Responda às questões na mesma ordem em que foram expostas na introdução, possibilitando a coerência no ordenamento do texto.

A conclusão é o encerramento do texto, na qual devem constar as conclusões a que se chegou ao longo do estudo. Para tanto, é importante manter coerência entre aquilo que está na introdução e o que está no desenvolvimento do texto. É possível fazer um resumo dos conceitos estudados no decorrer do texto.

Após a apresentação dos elementos comuns a qualquer gênero textual, elucidaremos os principais gêneros produzidos nas atividades de pesquisa em filosofia.

5.2.1 Resumo

Trata-se da concentração das principais informações de uma obra e pode ser produzido para condensar o conteúdo de produções de diferentes mídias, como livros, filmes e *podcasts*. É uma ferramenta importante, tanto para comunicar o conteúdo geral de uma obra quanto para registrar uma pesquisa, pois evita que o investigador refaça uma consulta geral a uma obra já lida. O resumo, se não colaborar efetivamente para a pesquisa em um momento, pode ajudar a poupar tempo e energia em razão de uma reconsulta desnecessária.

O resumo compreende as informações técnicas da obra, tais como título, autor, edição e ano de publicação. Nesse gênero, não se pretende desenvolver uma posição crítica (essa função cabe às resenhas). O propósito é apresentar as informações principais da obra de forma sucinta e objetiva. Seu desenvolvimento lógico deve ser compatível ao da obra original, obedecendo à mesma sequência de ideias e restringindo-se a apresentar as informações mais significativas.

Os resumos indicativos são formados por tópicos que apontam os argumentos centrais da obra; o resumo analítico reduz o texto, sem absorver qualquer tipo de gráfico ou citação.

Atualmente, a Associação Brasileira de Normas Técnicas (ABNT), considera que os resumos de textos curtos devem conter uma quantidade máxima de 100 palavras; já os resumos de textos longos, como artigos e monografias, devem conter no máximo 250 palavras; por fim, os resumos de livros e teses podem ter até 500 palavras.

5.2.2 Resenha

A resenha apresenta as ideias principais da obra original, mas leva em consideração uma perspectiva crítica, possibilitando um posicionamento valorativo de seu autor em relação ao texto estudado. Nesse caso, é possível inserir ideias próprias ou de outros textos ou, ainda, comparar a obra a outras que abordem o mesmo tema.

A primeira etapa da produção da resenha é semelhante à do resumo, pois o autor recorre às ideias gerais da obra estudada; no entanto, ao longo do texto, devem ser apresentadas as ideias do autor da resenha, e não uma apresentação imparcial do objeto do estudo. Acerca dos tipos de resenha, Barbosa e Costa (2015, p. 58, grifo do original) consideram que:

A resenha descritiva não possui nenhum juízo de valor e é apenas para pura descrição dos fatos. Ela deve conter as informações mais relevantes do texto, tais como: o título da obra, o nome do autor, nome da editora, qual coleção faz parte, a data e o lugar da publicação, paginação, estrutura da obra (número de capítulos e itens), as ideias centrais da obra, o ponto de vista abordado pelo autor original (aspectos teóricos) e a contextualização da obra. Nos casos de textos estrangeiros, deve ser acrescido o título da obra na versão original e o nome do tradutor. A resenha crítica possui apreciações e correlações críticas estabelecidas pelo resenhista. Essa modalidade de resenha possui 3 (três) partes básicas. A primeira consiste em um resumo da obra em questão. A segunda é uma crítica, e a terceira é a formulação de um conceito de valor do autor da resenha. Nesse sentido, a resenha crítica proporciona o conteúdo do texto original, bem como novas formas de abordar o tema para o leitor do texto. Por isso, é preciso conhecer muito sobre o assunto para elaborar uma resenha crítica.

No âmbito da pesquisa, para além de comunicar o conteúdo da obra, a resenha apresenta um posicionamento crítico em relação a ela e considera elementos externos ao próprio texto, tais como dados ou articulações de outras obras com aquela avaliada pela resenha.

5.2.3 Artigo científico e *paper*

O artigo científico e o *paper* têm a mesma estrutura, no entanto, o segundo é mais curto e, consequentemente, permite menor desenvolvimento de raciocínios. Isso se dá pelas finalidades distintas dos dois gêneros. O artigo científico é destinado a jornais e revistas especializadas; o *paper*, por sua vez, é veiculado em congressos, encontros e reuniões acadêmicas, ocasiões em que as ideias devem ser apresentadas de forma mais dinâmica.

Acerca da limitação de páginas envolvendo os dois gêneros, Barbosa e Costa (2015, p. 58) afirmam que "O artigo deve ter de 15 a 20 páginas e o paper de 10 a 15 dependendo da finalidade do texto; por exemplo, apresentação em congresso, trabalho de final de disciplina na pós-graduação ou publicação em anais".

Em geral, a estrutura desses gêneros é assim composta:
- Título
- Nome do(s) autor(es)
- Resumo
- *Abstract* (versão do resumo em língua inglesa)
- Introdução
- Fundamentação teórica
- Metodologia
- Desenvolvimento
- Considerações finais
- Referências bibliográficas

5.2.4 Pôster

Frequentemente utilizado em feiras acadêmicas ou bancas de projetos de iniciação científica, o pôster tem o propósito de comunicar os conceitos desenvolvidos na pesquisa da forma mais visual e sucinta possível. Normalmente, as instituições que promovem os eventos oferecem *templates* para elaboração do pôster. Esse gênero textual costuma apresentar os seguintes itens:
- Título
- Autoria
- Nome do(a) orientador(a)
- Curso que frequenta
- Nome da instituição promotora do evento
- Introdução
- Objetivos
- Metodologia

- Cronograma de atividades desenvolvidas
- Resultados alcançados ou esperados (nos casos de apresentação de projetos de pesquisa)
- Considerações finais
- Referências bibliográficas

5.2.5 Trabalho de conclusão de curso (TCC)

Antes da unificação da Alemanha, em 1871, o país era dividido em pequenos reinos e em cada um havia uma universidade. Entre elas, pairava um espírito de competição, pois cada reino se orgulhava de sua instituição. Nesse âmbito, nasceu o conceito de *Wissenschaft*, que, numa tradução literal, significa "ciência", mas à época dizia respeito a uma forma de estruturar os currículos e ordenar as práticas acadêmicas, a qual perdura até hoje: ao final do curso, para receber a certificação de conclusão, o aluno deve defender e apresentar à comunidade acadêmica uma tese a respeito de um tema que estudou ao longo do curso, sujeitando-se à possibilidade de receber críticas e ponderações. Essa prática se tornou importante para o desenvolvimento científico, pois destacou que o conhecimento deve ser algo público e que as teorias podem ser contestadas, desde que sigam uma metodologia científica coesa.

O Ocidente herdou essa prática, que passou a ser adotada nas universidades europeias e nas de suas colônias. Atualmente, os cursos de graduação requerem um TCC, visando estabelecer que o estudante desenvolveu habilidades suficientes para continuar explorando sua área de investigação de forma autônoma e é capaz de ingressar no mercado de trabalho e nos programas de pós-graduação.

As monografias, que exigem um estudo aprofundado acerca de um tema específico, são compostas de dezenas de páginas e divididas em capítulos. No entanto, o desenvolvimento de artigos científicos tem sido cada vez mais adotado como TCC.

5.3
Argumentação e fundamentação

Depois de conhecermos alguns dos percursos de pesquisa possíveis em filosofia, vermos métodos para realizar uma boa leitura, sabermos como escolher um tema e delimitar um problema de pesquisa e termos verificado quais são os principais gêneros textuais adotados pela pesquisa acadêmica em filosofia, devemos nos deter na essência dessa pesquisa, ou seja, na necessidade de argumentar de modo coeso e fundamentado.

Os desafios relativos ao desenvolvimento da pesquisa acadêmica em filosofia partem de questões estritamente filosóficas, ou seja, filosofar, no sentido acadêmico, se difere da pesquisa em história, em ciências da natureza ou em qualquer outro campo de investigação. Não obstante, é relevante sabermos que a nosso alcance estão métodos inteligíveis para o desenvolvimento da pesquisa e que eles são mais sofisticados e facilitados de acordo com a prática filosófica em si. Nesse sentido, a prática de pesquisa se assemelha a qualquer outra. Por exemplo, para aprender a tocar um instrumento, primeiro é necessário conhecê-lo, ter certo domínio de teoria musical e praticar até que os dedos se soltem e a formação dos acordes seja possível; depois disso, vêm o domínio do ritmo e a capacidade de execução das melodias.

Até aqui, ofertamos certo arsenal teórico e conhecimento elementar da tradição filosófica e dos gêneros textuais que circulam na comunidade acadêmica. Agora, é chegado o momento de colocar esses pressupostos em prática para que sejam aperfeiçoados ao longo do tempo.

Nesse sentido, convém eliminar os preconceitos e desmistificar alguns pontos para que essa atividade não seja demasiadamente áspera. Escrever um texto filosófico consiste em filosofar por excelência. Desde *Mênon*, de Platão, os filósofos consideram que é possível filosofar somente por meio de uma linguagem, mas não a linguagem ordinária, e sim uma que reflita a relação veritativa entre as palavras e o mundo, verificando-se a coerência interna entre os argumentos e o uso dos termos em um contexto filosófico, ou seja, fundamentado em textos clássicos, com base em elementos pressupostos no escopo dos pesquisadores do tema abordado.

No decorrer do curso de graduação, o estudante tem acesso a um vasto número de textos e se depara com abordagens diversas e contraditórias, o que, não raro, se defronta com as visões de mundo que tinha antes do curso. É comum que haja dificuldade de articular esses conceitos e essas ideias inicialmente, mas a composição do texto permitirá a formalização coerente de raciocínios.

A validação de um texto no âmbito da física, por exemplo, exige que os mesmos resultados possam ser alcançados por qualquer cientista ao redor do mundo em qualquer época na história. Podemos lembrar que a lei da gravitação universal de Newton é válida até hoje e considera as mesmas fórmulas apresentadas por ele. No caso da filosofia, o mesmo problema pode ser abordado por uma infinidade de formas diferentes, e nenhuma precisa ser invalidada por outra. Ao passo que as ciências tendem naturalmente ao consenso, a filosofia tende à pluralidade de perspectivas. Isso não significa que a pesquisa filosófica possa ser desenvolvida de acordo com a vontade do pesquisador; ela deve estar inserida em uma metodologia filosófica e num universo conceitual específico (decorre daí a necessidade frequente do uso de citações), no entanto, as respostas alcançadas são bastante plurais.

O texto filosófico em âmbito acadêmico é um exercício de pensamento, que a partir de um tema tomado da cultura filosófica, deve permitir desenvolver um conjunto de análises e de raciocínios sustentados pela referência a autores clássicos para dar ensejo, no final, a uma tomada de posição afirmada sobre o tema proposto" (Folscheid; Wundenburger, 2006, p. 171).

Frequentemente, os estudantes se sentem "engessados" para desenvolver seus textos; no entanto, precisamos considerar que não existe texto filosófico espontâneo, ou seja, nascido de reflexões estritamente particulares. Qualquer texto de filosofia é validado conforme sua inserção na cultura filosófica. Não significa, então, que não devamos nos posicionar. Contudo, ao nos posicionarmos, devemos ter como base textos clássicos. Caso contrário, podemos produzir uma postagem de redes sociais, um texto jornalístico opinativo ou até mesmo um texto literário, mas não filosófico.

Um bom instrumento para a realização do texto diz respeito ao levantamento bibliográfico e à sistematização do projeto de pesquisa. Caso o pesquisador verifique que o projeto não pode ser efetivado, o texto tampouco poderá ser escrito, pois foi identificado que conteúdo não tem pertinência para a cultura filosófica ou que o levantamento bibliográfico é insuficiente.

5.4
Sistematização intrafilosófica

Até o século XIX, os sistemas filosóficos pretendiam a totalização das visões de mundo, ou seja, almejavam dar conta de refletir a universalidade dos problemas clássicos, por isso as obras dos filósofos eram monumentais. Com o advento do pensamento científico e da especialização, construiu-se outra forma de filosofar. Atualmente, encontramos pesquisadores divididos em áreas mais específicas de investigação, tais como *filosofia da mente, filosofia política, filosofia da biologia* e *filosofia latino-americana*. A esse respeito, Mario Porta (2002, p. 38-39) afirma:

A filosofia possui, por sua própria natureza, um anseio de totalidade. "Totalização", porém, não é necessariamente sinônimo de unificação intrassistêmica. O "sistema" não é momento essencial do pensar filosófico (e muito menos o é a pedante exaustividade). Não obstante, boa parte do esforço de alguns filósofos está dirigida a ajustes na estrutura do edifício que constroem e daí, em tal sentido, à solução de um certo tipo de problemas que poderíamos denominar "imanentes". Esta tendência se intensifica nos períodos "epigonais", quando as grandes ideias perdem sua força e potencial criativo. Ora, todo trabalho intrassistemático não tem sentido em si mesmo, supondo, em última instância, um problema que, ainda que não livre de supostos, e extrínseco à própria sistematização.

É importante que o estudante considere que os pesquisadores já não se debruçam na criação de sistemas filosóficos universais (o que seria impossível dado o volume de temas e materiais que temos), mas detêm-se a linhas de pesquisa e temas mais específicos. Portanto, para o planejamento de qualquer texto, é importante considerar que o tema deve estar em conformidade com a terminologia técnica e o universo da cultura filosófica específica que se pretende investigar. Não poderíamos tratar, por exemplo, de discussões particulares à filosofia analítica com uma terminologia nascente na filosofia continental ou, ainda, de uma temática da filosofia africana nos mesmos moldes com que se investiga a filosofia europeia.

5.5
O exercício de refletir

Vale lembrar que a filosofia nasce de um ímpeto curioso de conhecer a realidade; no entanto, sempre se coloca numa posição de humildade. Na academia, costumamos pensar que o papel da filosofia é valorizar as qualidades da razão; depois de mais de uma década de prática de pesquisa, percebemos que a filosofia tende a demonstrar quais são as limitações da razão. Esse debate está presente desde o início da tradição filosófica e sempre tende a recobrar posturas modestas.

Levando-se em consideração que a filosofia é pautada por um discurso racional, é relevante considerar no que consiste a racionalidade. Evidentemente, não há espaço aqui para uma exploração profunda acerca da razão, mas é possível esclarecer certas linhas gerais.

Porta (2002) lembra que a razão não contradiz à lógica; no entanto, a racionalidade não se reduz à lógica. Se assim fosse, programas computacionais seriam eficientes em instanciar raciocínios lógicos e produzir filosofia. A atividade reflexiva, portanto, não se reduz a técnicas mecânicas, ela considera elementos que estejam além das regras do pensamento vigente. Ao contestar e possibilitar a superação dos elementos tradicionais é que se pode produzir filosofia.

A racionalidade sempre é esclarecedora e a pesquisa filosófica tende, igualmente, ao esclarecimento. A transparência da racionalidade é capaz de chegar até as limitações daquilo que ainda é obscuro. Sustentar a arrogância por meio da racionalidade é, portanto, indicar as limitações da própria racionalidade, o que, comumente, recai em dogmatismo, e em pontos de vista dogmáticos não há como avançar ou sequer rever perspectivas.

Nesse âmbito, consideramos que a racionalidade tende à intersubjetividade, pois, como dissemos, não há possibilidade de realização de racionalização estritamente individual ou que permaneça encerrada nela mesma. A função de qualquer discurso é comunicar proposições e permitir que estejam sujeitas à contestação.

A reflexividade é uma característica fundamental da racionalidade, pois permite compreender e reavaliar posturas. Refletir é diferente de repetir métodos mecânicos ou até mesmo discursos prontos. Refletir possibilita reconsiderar e superar possíveis erros.

> A filosofia é um esforço para pensar com clareza, para lançar luz na penumbra. O que diferencia o filósofo da maioria dos mortais não é que ele pensa mais coisas ou outras coisas, ou o que se pensa de um modo especial, mas sim que ele pensa, simplesmente, de um modo mais claro. Essa clareza não é um dom dos deuses, senão que resulta de árduo trabalho intelectual. O filósofo pensa de um modo mais claro porque aprendeu a pensar de forma disciplinada e precisa. Se a clareza é o objetivo, a diferenciação e a delimitação são seus instrumentos. "Pensar racionalmente" é, em boa medida, separar, distinguir, diferenciar. (Porta, 2002, p. 43)

Desse modo, filosofar consiste em esclarecer. Caso falte clareza à argumentação, deparamo-nos com uma filosofia de pouca qualidade. Uma argumentação obscura ou vaga não é profunda, é apenas vaga. A filosofia, portanto, deve estar comprometida com a coesão e a clareza de argumentação. Essa articulação coerente de ideias fundamentada em uma cultura e uma metodologia filosófica garante esclarecer as questões ainda mal compreendidas, os regressos ou a insistência no uso de discursos já superados ou, ainda, a superação das limitações das compreensões vigentes.

Síntese

Neste capítulo, elucidamos os processos por meio dos quais delimitamos um tema e um problema de pesquisa em filosofia. Consideramos o levantamento bibliográfico e a organização do material que dará sustentação à investigação.

O material de referência possibilita a elaboração de um projeto de pesquisa, o qual tem a finalidade de constatar a possibilidade de seu desenvolvimento, justificar sua pertinência e organizar as atividades que têm como finalidade a produção textual.

Abordamos os gêneros textuais mais frequentes para o desenvolvimento da pesquisa acadêmica em filosofia, avaliamos a necessidade de sustentação e procedimentos para a fundamentação teórica em eixos de pesquisa e consideramos a produção do texto filosófico como prática filosófica em si.

Atividades de autoavaliação

1. Acerca da delimitação do tema e do problema de pesquisa, considere as proposições a seguir:
    I) O tema de pesquisa deve estar inserido em uma linha de pesquisa institucionalmente reconhecida.
    II) O tema de pesquisa deve ser definido de modo intuitivo.
    III) A definição do tema requer levantamento bibliográfico.
    IV) O tema deve estar inscrito em um dado contexto filosófico.

    Assinale a alternativa correta:
    a) As proposições I e II são verdadeiras.
    b) As proposições I e III são verdadeiras.
    c) As proposições I e IV são verdadeiras.
    d) As proposições I, III e IV são verdadeiras.
    e) As proposições III e IV são verdadeiras.

2. É correto afirmar que o levantamento bibliográfico deve:
   a) priorizar *sites* e postagens de redes sociais.
   b) ter como ponto de partida os textos jornalísticos.
   c) partir da análise de vídeos na internet.
   d) levar em conta bibliografias primária e secundária.
   e) abarcar diversos filósofos ao longo da história da filosofia.

3. Acerca da fundamentação teórica do texto filosófico, considere as proposições a seguir:
   I) A fundamentação teórica pode contar com textos clássicos e revistas especializadas.
   II) As referências nos textos filosóficos impedem o desenvolvimento de uma argumentação fluida.
   III) É importante remeter-se tanto aos textos clássicos quanto aos comentários de pesquisadores atuais para fundamentar a pesquisa.
   IV) É possível encontrar muitas fontes de qualidade em plataformas na internet, desde que sejam vinculadas a um corpo editorial metódico.

   Assinale a alternativa correta:
   a) Apenas proposições I e II são verdadeiras.
   b) Apenas proposições I e III são verdadeiras.
   c) Apenas proposições I e IV são verdadeiras.
   d) Apenas proposições I, III e IV são verdadeiras.
   e) Apenas proposições III e IV são verdadeiras.

4. A delimitação do problema em pesquisa em filosofia deve considerar quais elementos?
   a) Os temas que mais repercutem nas redes sociais.
   b) Temáticas amplas.

c) Temáticas que fujam às linhas de pesquisa acadêmicas e possibilitem inovação.
d) Escassez de referências bibliográficas, dando mais liberdade à criação do pesquisador.
e) Temas relacionados à tradição filosófica.

5. Quais são os passos iniciais da pesquisa acadêmica em filosofia?
a) Inspiração e criatividade.
b) Escrita criativa e análise do tema.
c) Levantamento bibliográfico e escrita.
d) Escolha do tema e elaboração do problema de pesquisa.
e) Orientação e revisão bibliográfica.

Atividades de aprendizagem

Questões para reflexão

1. Como definir um tema para a pesquisa filosófica?
2. Como elaborar um problema de pesquisa em filosofia?

Atividades aplicadas: prática

1. Na ficha bibliográfica, "estão contidas as informações acerca das referências das obras selecionadas". (Barbosa; Costa, 2015, p. 61) Tais informações facilitam a localização da fonte da pesquisa, bem como a confecção das suas referências bibliográficas.

    Utilize o modelo a seguir para fazer o levantamento bibliográfico para o desenvolvimento de um projeto de pesquisa. As obras escolhidas devem referir-se ao mesmo tema abordado por um pensador clássico e comentadores do mesmo nicho de investigação.

Ficha bibliográfica
Bibliografia primária: Obra 1: SOBRENOME, Nome. **Título da obra**. Autoria da tradução (se necessário). Cidade: Editora, ano de publicação. Obra 2: Obra 3:
Bibliografia secundária: Obra 1: SOBRENOME, Nome. Título do artigo. **Nome do periódico**, cidade, volume, número, paginação, data de publicação. Obra 2: Obra 3: Obra 4:

2. Use os métodos expostos neste capítulo para desenvolver um projeto de pesquisa. Utilize como base o modelo a seguir.

Tema de pesquisa em forma de título
Problema: Descrição clara e objetiva do problema da pesquisa, preferencialmente em forma de pergunta.
Objetivo geral: Descrição do objetivo principal a ser atingido na pesquisa. Em geral, indica-se o que a investigação pretende demonstrar.
Objetivos específicos: Listagem dos objetivos (no mínimo, três) a serem alcançados para que se resolva o objetivo geral.

(continua)

(conclusão)

Tema de pesquisa em forma de título
Metodologia: Descrição do método a ser utilizado na pesquisa. Na área de filosofia, a metodologia geralmente compreende investigação de material bibliográfico e produção textual.
Justificativa: Demonstração da relevância da pesquisa para o âmbito acadêmico da filosofia e apresentação dos impasses que se pretende resolver.
Fundamentação teórica: Apresentação da fundamentação bibliográfica em que a pesquisa pretende se apoiar, o que requer articulação lógica de argumentos e apresentação de evidências (nesse caso, bibliográficas) que darão sustentação ao desenvolvimento da investigação.
Cronograma: Estabelecimento de prazos para a realização de cada etapa do desenvolvimento da pesquisa. Pode ser apresentado por meio de tabela ou de tópicos.
Considerações finais: Encerramento do projeto, com uma síntese da articulação de ideias desenvolvidas ao longo do texto.
Referências bibliográficas: Apresentação das referências utilizadas no texto conforme as normas vigentes da ABNT.

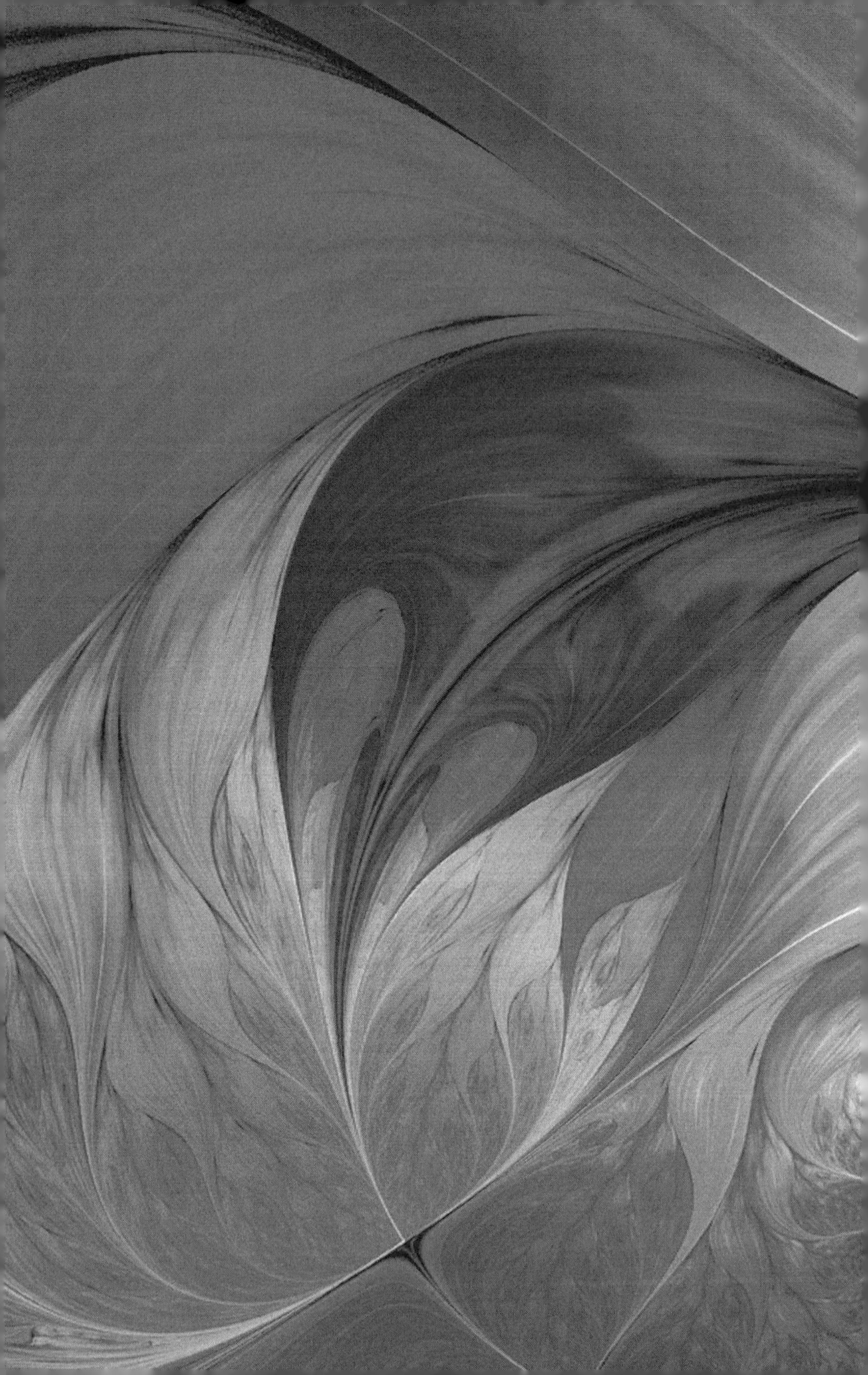

6
Pesquisa em filosofia

Neste capítulo explicamos o funcionamento dos principais mecanismos de produção e publicação da pesquisa acadêmica em filosofia, sobretudo em âmbito nacional.

6.1
Papel da pesquisa em filosofia

Os pesquisadores brasileiros, republicanamente, se vinculam a instituições de pesquisa internacionais e se encontram engajados em organizar institucionalmente a produção filosófica global para a qualificação do campo. A respeito disso, Frederico Mayor, diretor-geral da Organização das Nações Unidas para a Educação, a Ciência e a Cultura (Unesco) entre 1987 e 1999, afirma:

> Neste sentido a filosofia é uma escola de liberdade. Ela incita o pensamento a despertar-se sempre. [...] É por isso que a UNESCO deve convidar os filósofos à análise dos grandes problemas que se colocam atualmente à humanidade, em todos os domínios. [...] [Cabe à UNESCO] incitar os filósofos a colaborar ativamente com a reflexão internacional sobre os desafios mundiais, pela redação de textos, pela participação em encontros públicos, através de diálogos escritos ou gravados, por ações conduzidas em cooperação com os grandes veículos de comunicação. (Mayor, 1996, p. 4-5)

A partir da década de 1990, por reconhecimento e determinação da Unesco, houve uma preocupação em intensificar a institucionalidade da filosofia e promover intercâmbio de programas de pesquisa e pesquisadores a nível global. Desse modo, a maioria dos países que contam com pesquisadores na área costumam organizar-se em associações. No caso brasileiro, a organização se concentra na Associação Nacional de Pós-Graduação em Filosofia (Anpof), que se envolve na interlocução para manutenção e ampliação dos programas de pós-graduação em Filosofia, buscando mecanismos de produção, divulgação e financiamento da pesquisa.

A Anpof promove encontros bianuais para discutir os programas de pós-graduação, bem como os temas pertinentes à área, como a educação filosófica e a legislação relativa ao ensino e à pesquisa. Em todos os encontros, há apresentação de artigos acadêmicos, palestras, desenvolvimento de estudos em grupos de trabalho que compreendem as linhas de pesquisa vigentes, minicursos, e assim por diante.

A Anpof está vinculada à Coordenação de Aperfeiçoamento de Pessoal de Nível Superior (Capes), que regulamenta e garante o desenvolvimento qualitativo de programas de pós-graduação em todas as unidades da Federação, e ao Conselho Nacional de Desenvolvimento Científico e Tecnológico (CNPq), que tem como objetivo fomentar a pesquisa científica e tecnológica. Apesar de a Capes e o CNPq serem órgãos mais gerais (por não se restringirem à área da filosofia), essas entidades são as mais representativas no que diz respeito ao amparo e ao fomento para o desenvolvimento da pesquisa em filosofia no Brasil.

6.2
Pesquisa em filosofia no Brasil

Atualmente, a Anpof conta com mais de 40 programas associados de pós-graduação em filosofia, sendo eles os principais desenvolvedores da pesquisa filosófica no país.

As agências de fomento podem ser de ordem pública ou privada ou então promover parcerias entre esses dois núcleos. As instituições acadêmicas costumam ter mecanismos de fomento à pesquisa em suas unidades.

Os programas de graduação e pós-graduação normalmente têm os próprios periódicos financiados por fundos institucionais dedicados ao aprofundamento da qualidade de formação. As revistas específicas geralmente estão vinculadas aos programas de ensino ofertados, muito embora grupos de pesquisadores se organizem para lançar periódicos; porém a atuação da livre-iniciativa na produção filosófica ainda é superficial nesse contexto.

No caso da produção filosófica, o mercado editorial brasileiro lança mais livros do que revistas da área. As poucas revistas são voltadas mais para o público curioso acerca de temas filosóficos do que para pesquisadores especialistas em linhas de pesquisa filosóficas.

6.3
Agências de fomento

As principais agências de fomento à pesquisa são a Capes e o CNPq, que ofertam bolsas de auxílio e programas como o doutorado-sanduíche, o qual financia a permanência do estudante em universidades parceiras ao redor do mundo para desenvolver seus projetos de pesquisa. No caso da filosofia, é possível passar de um a quatro anos em uma universidade parceira e receber uma certificação de doutorado de natureza pluri-institucional.

Outras agências de fomento de âmbito nacional são a Financiadora de Estudos e Projetos (Finep), vinculada ao Ministério da Ciência e Tecnologia, e o Instituto Nacional de Ciência e Tecnologia (INCT), que não é uma agência de fomento propriamente dita, mas financia projetos e oferece bolsas de pós-graduação.

Muitos estados e municípios contam com agências de fomento locais, como é o caso das fundações de amparo à pesquisa (Faps), por exemplo, a Fundação de Amparo à Pesquisa do Rio de Janeiro (Faperj).

Muitas fundações privadas também têm mecanismos de fomento à pesquisa; no entanto, costumam estar vinculadas aos interesses particulares, de modo que a filosofia perde espaço, por isso é importante que esses setores sejam também conquistados pelos filósofos.

6.4
Revistas e plataformas

Não foi possível encontrar uma fonte precisa para estimar a quantidade de periódicos em filosofia existente no Brasil. A Plataforma Sucupira é uma ferramenta importante para computar os dados relativos à qualidade das publicações dos pesquisadores brasileiros. Qualquer indivíduo pode extrair seus relatórios no *site*. Em novembro de 2018, a plataforma ofereceu um relatório de avaliação de publicações de pesquisadores da área de filosofia em 1224 periódicos diferentes[1].

O último *Relatório da Avaliação Quadrienal da Capes* (Brasil, 2017) indica que a avaliação qualitativa dos periódicos deve considerar a diversidade das publicações na área para garantir um processo avaliativo justo.

> O Qualis periódicos que amparou a avaliação Quadrienal 2013-2016 foi resultado da reformulação dos critérios para classificação das revistas da Área, efetuada a partir dos debates no Seminário de Acompanhamento, realizado na CAPES em agosto de 2015. A área adotou o modelo dos critérios combinados para aferir periódicos classificáveis nos estratos superiores (de B1 a A1). Tais critérios sao minuciosamente caracterizados no Documento do Qualis Periódicos da Área. A ideia principal é aferir periódicos bem qualificados, respeitando a diversidade editorial característica da Área. Assim, revistas de perfis diferentes, mas igualmente qualificadas, tiveram sua qualidade científica reconhecida. (Brasil, 2017, p. 4)

Ao verificarmos os relatórios da Capes, compreendemos que a filosofia tem se fortalecido institucionalmente e que o número de publicações dessa área se coloca como expressivo e qualitativo, havendo

---

1   Para saber mais, consulte:
    PLATAFORMA SUCUPIRA. Disponível em: <https://sucupira.capes.gov.br/sucupira/public/index.xhtml>. Acesso em: 17 set. 2019.

reconhecimento internacional dessas contribuições, haja vista que muitas das publicações são realizadas em periódicos internacionais.

6.5
Pesquisa em filosofia e instituições acadêmicas: editoração, publicação e avaliação

O envolvimento da Capes para monitoramento e garantia da qualidade da área é importante, de modo que os maiores interessados no desenvolvimento da pesquisa filosófica estão vinculados a instituições de pesquisa, sobretudo na academia.

A avaliação de programas de graduação e pós-graduação considera a quantidade e a qualidade de publicações dos corpos docente e discente de acordo com a seguinte classificação qualis (que diz respeito à qualidade da publicação) na Plataforma Sucupira: A1, A2, B1, B2, B3, B4, B5 e C, sendo A1 o nível mais elevado e C o nível mais baixo.

Para o pesquisador iniciante, é importante realizar cadastro na Plataforma Lattes, o que possibilita ao CNPq detectar e avaliar as produções quantitativa e qualitativamente.

O avanço da pesquisa em âmbito nacional está vinculado ao desempenho individual dos pesquisadores. Todos os eventos, livros e periódicos têm equipes editoriais, sejam elas fixas, sejam elas formadas por comissões. É relevante estar atento às chamadas de publicação, tanto na instituição à qual se está vinculado quanto naquelas de níveis nacional e internacional. A Anpof lança boletins em seu *site* divulgando as chamadas de publicação em várias plataformas. O pesquisador se inscreve e submete seu texto adequado às normas de publicação estabelecidas pela entidade responsável. Depois disso, o autor é informado (normalmente por *e-mail*) se sua publicação foi aceita ou não. Desse modo, é sempre bom ter textos escritos para concorrerem à publicação quando as chamadas forem abertas.

Toda instituição, pública ou privada, avalia o currículo do pesquisador que pretende ingressar nela. É, portanto, imprescindível que o pesquisador comece a escrever qualitativamente e publique suas produções o mais cedo possível.

Síntese

Neste capítulo, vimos como funcionam as instituições, a organização da pesquisa, as agências de fomento e os sistemas de avaliação na área de filosofia. A pesquisa filosófica tem papel internacional reconhecido pela Unesco, a partir da década de 1990, houve esforços para institucionalizar, fomentar e divulgar a pesquisa filosófica, sendo ela essencial para a manutenção das sociedades democráticas.

Discorremos sobre o papel das instituições e agências de fomento nacionais e constatamos que a qualidade das produções é monitorada e avaliada constantemente, garantindo contribuições dos pesquisadores brasileiros em nível internacional.

Por fim, indicamos o papel individual dos pesquisadores para o avanço coletivo da pesquisa acadêmica filosófica.

Atividades de autoavaliação

1. Sobre o papel da pesquisa em filosofia, é correto afirmar que a Unesco:
    a) entende que os países devem decidir pela importância da pesquisa filosófica.
    b) compreende a filosofia como patrimônio da humanidade, por isso os países devem estar engajados na compreensão e na reflexão dos grandes problemas da humanidade.
    c) defende que a atividade filosófica provoca empecilhos para o desenvolvimento autônomo dos países.
    d) sustenta que a filosofia é uma atividade individual e que, por isso, deve restringir-se às universidades.
    e) afirma que a pesquisa acadêmica em filosofia provoca desperdício no orçamento público dos países.

2. Sobre a pesquisa em filosofia no Brasil, é correto afirmar:

   a) Não existe fomento à pesquisa filosófica acadêmica no Brasil.

   b) Os setores público e privado não se envolvem com o fomento à pesquisa filosófica.

   c) Embora haja algumas ações de livre-iniciativa, os principais órgãos de fomento à pesquisa filosófica são públicos.

   d) Os pesquisadores estão satisfeitos com as iniciativas de fomento à pesquisa.

   e) Não há acompanhamento qualitativo do desenvolvimento da pesquisa filosófica no Brasil.

3. Sobre a pesquisa filosófica em âmbito nacional, analise as proposições a seguir:

   I) A maior entidade representativa da pesquisa filosófica no Brasil é a Anpof.

   II) Entidades como a Capes e o CNPq atuam no fomento à pesquisa.

   III) O desenvolvimento das atividades envolvendo a pesquisa filosófica no Brasil é tímido.

   IV) A pesquisa filosófica é entendida como um luxo pelas entidades representativas.

   Assinale a alternativa correta:

   a) As proposições I e II são verdadeiras.

   b) As proposições I e III são verdadeiras.

   c) As proposições I e IV são verdadeiras.

   d) As proposições I, III e IV são verdadeiras.

   e) As proposições III e IV são verdadeiras.

4. O órgão que representa os pesquisadores em filosofia no Brasil é denominado:
   a) Associação Nacional de Pós-Graduação em Filosofia (Anpof).
   b) Coordenação de Aperfeiçoamento de Pessoal de Nível Superior (Capes).
   c) Conselho Nacional de Desenvolvimento Científico e Tecnológico (CNPq).
   d) Ministério da Educação.
   e) Instituto Nacional de Ciência e Tecnologia (INCT).

5. O fomento para pesquisa em filosofia no Brasil geralmente é promovido por:
   a) financiamento privado.
   b) parcerias público-privadas.
   c) autofinanciamento.
   d) iniciativa popular.
   e) financiamento público.

Atividades de aprendizagem

Questões para reflexão

1. De que modo o conhecimento acerca do cenário da pesquisa acadêmica no Brasil pode auxiliar o pesquisador iniciante em seus estudos?

2. Sobre a pesquisa acadêmica em filosofia, de que forma o desenvolvimento individual dos pesquisadores provocam impactos nacionais e internacionais?

Atividades aplicadas: prática

1. Faça um levantamento de quais são as agências que se envolvem com o fomento à pesquisa filosófica no Brasil.

2. A partir do projeto de pesquisa desenvolvido no Capítulo 5, desenvolva um artigo científico. Não se esqueça dos elementos obrigatórios: título; autoria; nome do(a) orientador(a); curso; nome da instituição; introdução; objetivos; metodologia; cronograma de atividades; resultados alcançados; considerações finais; referências bibliográficas.

considerações finais

Esperamos ter contribuído para a apreensão e o desenvolvimento de seus conhecimentos acerca da pesquisa em filosofia. Este não é um livro que pretende encerrar o assunto. Foi escrito para que seus horizontes sejam ampliados e para que, a partir de agora, você possa ir muito mais longe.

A prática filosófica tende ao pluralismo de ideias e à habilidade de dialogar com posições dissonantes, e isso somente foi possível enquanto houve liberdade, desde nossos antecessores pré-socráticos, em Mileto, até os pesquisadores atuais. Todos os episódios de intolerância se desdobraram em tragédias, tal qual o que acometeu Sócrates.

A memória dos pensadores que viveram nos séculos passados é simbólica no sentido de nos lembrar de nosso compromisso pela busca do esclarecimento e da autonomia, o que deve contribuir para os valores humanistas que construímos ao longo da história.

A pesquisa filosófica está entrelaçada à própria ação de filosofar, de modo que todo aquele que almeja contribuir para o esclarecimento dos impasses que se colocam, tanto na realidade social quanto na político-moral, deve empenhar-se no desenvolvimento da pesquisa qualitativa.

Produzir filosofia, portanto, não significa submergir em devaneios, mas comprometer-se com a reflexão dirigida à transformação da realidade por meio da racionalidade, e não com a repetição de procedimentos conceituais mecânicos.

A filosofia é como o batedor que se arrisca pelos terrenos ainda desconhecidos para que outros campos do conhecimento possam percorrê-los com segurança. Trata-se de um ofício destinado à elucidação daquilo que é obscuro.

Não é nossa pretensão determinar os percursos que você deve percorrer, mas subsidiá-lo de conhecimentos que possibilitem o desenvolvimento de sua autonomia.

referências

ALTHUSSER, L. **Ler O Capital**. Rio de Janeiro: Zahar, 1979. v. I.

ANDRADE, M. M. de. **Introdução à metodologia do trabalho científico**. São Paulo: Atlas, 2000.

ARONDEL-ROHAUT, M. **Exercícios filosóficos**. São Paulo: M. Fontes, 2005.

BAGGINI, J.; FOSL, P. S. **As ferramentas dos filósofos**: um compêndio sobre conceitos e métodos filosóficos. Tradução de Luciana Pudenzi. São Paulo: Loyola, 2008.

BARBOSA, E.; COSTA, T. C. A. **Metodologia e prática de pesquisa em filosofia**. Pelotas: Nepfil, 2015.

BICCA, L. **Racionalidade moderna e crise**. São Paulo: Loyola, 1997.

BORNHEIM, G. A. **Dialética**: teoria, práxis. Porto Alegre: Globo, 1977.

BRASIL. **Relatório da Avaliação Quadrienal 2017**. Disponível em: <https://capes.gov.br/images/documentos/Relatorios_quadrienal_2017/20122017-Filosofia_relatorio-de-avaliacao-2017_final.pdf>. Acesso em: 9 ago. 2019.

BRECHT, B. **Teatro completo**. São Paulo: Paz e Terra, 1991.

BUENO, O.; SMITH, P. J. O ceticismo na América Latina. **Revista Sképsis**, n. 13, p. 130-174, 2016.

BUNGE, M. **Epistemologia**: curso de atualização. São Paulo: Queiroz, 1987.

CAMERINO, L. C. Notas para uma ontologia do trágico e da agonística. **Revista Ética e Filosofia Política**, n. 18, v. 2, p. 141-148, 2015.

CAROSI, P. **Curso de Filosofia**. São Paulo: Paulinas, 1962. v. 1.

CASSIN, B. **O efeito sofístico**. São Paulo: Ed. 34, 2005.

CASSIRER, E. **A questão Jean-Jacques Rousseau**. São Paulo: Ed. da Unesp, 1997.

CHATELET, F. **História da filosofia**: ideias e doutrinas, o século XX. Tradução de Hilton Japiassu. São Paulo: Zahar, 1974.

CLEPTULIN, A. **A dialética materialista**. São Paulo: Alfa-Omega, 1982.

COMTE, A. **Curso de filosofia positiva:** discurso preliminar sobre o conjunto do positivismo. São Paulo: Nova Cultural, 1988.

COSSUTTA, F. **Elementos para a leitura dos textos filosóficos.** São Paulo: M. Fontes, 2001.

D'AGOSTINI, F. **Analíticos e continentais.** São Leopoldo: Unisinos, 2002.

D'AGOSTINI, F. **Introduzione alla verità.** Torino: Bollati Boringhieri, 2011.

DARTIGUES, A. **O que é a fenomenologia?** 3. ed. Tradução de Maria José J. G. de Almeida. São Paulo: Moraes, 1992.

DELEUZE, G. **Nietzsche e a filosofia.** Rio de Janeiro: Rés, 1976.

DELEUZE, G. Pensamento nômade. In: MARTON, S. (Org.). **Nietzsche hoje?** Colóquio de Cerisy. São Paulo: Brasiliense, 1985. p. 55-76.

DELEUZE, G. **Proust e os signos.** Rio de Janeiro: Forense Universitária, 2003.

DELEUZE, G.; GUATTARI, F. **O que é a filosofia?** Tradução de Bento Prado Jr. e Alberto Alonso Muñoz. Rio de Janeiro: Ed. 34, 1992.

DELEUZE, G.; PARNET, C. **Diálogos.** São Paulo: Escuta, 1998.

DESCARTES, R. Meditações sobre a filosofia primeira nas quais são demonstradas a existência de Deus e a distinção real entre a alma e o corpo do homem. In: MARÇAL, J. (Org.). **Antologia de textos filosóficos.** Curitiba: SEED-PR, 2009. p. 153-188.

ECO, U. **Como se faz uma tese em ciências humanas.** Lisboa: Presença, 1997.

ENGELS, F. **Dialética da natureza.** Rio de Janeiro: Paz e Terra, 1976.

FAÉ, R. A genealogia em Foucault. **Psicologia em Estudo**, Maringá, v. 9, n. 3, p. 409-416, set./dez. 2004. Disponível em: <http://www.scielo.br/pdf/pe/v9n3/v9n3a08.pdf>. Acesso em: 12 set. 2019.

FEITOSA, C. Filosofia pop: um relato acerca de experiências em divulgação da filosofia. **Pense: Revista Mineira de Filosofia e Cultura**, n. 1, p. 11-15, set. 2012.

FEITOSA, C. O que é isto: filosofia pop? In: LINS, D. (Org.). **Nietzsche e Deleuze**: pensamento nômade. Rio de Janeiro: Relume Dumará, 2001. p. 95-105.

FOLSCHEID, D.; WUNENBURGER, J.-J. **Metodologia filosófica**. São Paulo: Martins Fontes, 2006.

FOULQUIÉ, P. **A dialética**. São Paulo: Europa-América, 1974.

FREGE, G. **Lógica e filosofia da linguagem**. São Paulo: Cultrix, 1978.

FREGE, G.; PEIRCE, S. C. **Os pensadores**. São Paulo: Victor Civita, 1983.

GADOTTI, M. A dialética: concepção e método. In: GADOTTI, M. **Concepção dialética da educação**: um estudo introdutório. 7. ed. São Paulo: Cortez/Autores Associados, 1990. p. 15-38.

GARDNER, H. **A nova ciência da mente**. São Paulo: Edusp, 1995.

GILES, T. R. **Crítica fenomenológica da psicologia experimental em Merleau-Ponty**. Petrópolis: Vozes, 1979.

GOLDSCHMIDT, V. **A religião de Platão**. São Paulo: Difusão Europeia do Livro, 1970.

GRAMSCI, A. **Concepção dialética da história**. Rio de Janeiro: Civilização Brasileira, 1968.

GRANGER, G. A ciência pensa? **Discurso**, São Paulo, n. 22, p. 197-204, 1993.

GUEROULT, M. Lógica arquitetônica e estruturas constitutivas dos sistemas filosóficos. **Trans/Form/Ação**, São Paulo, v. 30, n. 1, p. 235-246, 2007. Disponível em: <http://www.scielo.br/pdf/trans/v30n1/v30n1a15.pdf>. Acesso em: 13 set. 2019.

GUEROULT, M. O problema da legitimidade da história da filosofia. **Reflexão**, Campinas, n. 78, 2000.

HEGEL, G. W. F. **Princípios da filosofia do direito**. São Paulo: M. Fontes, 1997.

HEIDEGGER, M. **Ser e tempo**. Tradução de Márcia de Sá Cavalcante. 2. ed. Petrópolis: Vozes, 1988. Parte I.

HUSSERL, E. **A ideia da fenomenologia**. Tradução de Artur Morão. Lisboa: Edições 70, 1990.

KONDER, L. **O que é dialética?** São Paulo: Brasiliense, 2008.

MARÇAL, J. (Org.). **Antologia de textos filosóficos**. Curitiba: SEED-Pr., 2009. Disponível em: <http://www.educadores.diaadia.pr.gov.br/arquivos/File/cadernos_pedagogicos/caderno_filo.pdf>. Acesso em: 29 ago. 2019.

MARCONDES, D. **Filosofia analítica**. Rio de Janeiro: Zahar, 2004.

MAYOR, F. Uma escola de liberdade. **Livre-Filosofar**, Curitiba, ano 7, n. 13, mar. 1996.

MERLEAU-PONTY, M. **Ciências do homem e fenomenologia**. Tradução de Selma Tannus. São Paulo: Saraiva, 1973.

MERLEAU-PONTY, M. **Elogio da filosofia**. 5. ed. Tradução de António Braz Teixeira. Lisboa: Guimarães, 1998.

MERLEAU-PONTY, M. **Fenomenologia da percepção**. Tradução de Carlos Alberto Ribeiro de Moura. São Paulo: Martins Fontes, 1999.

NAGEL, T. **Uma breve introdução à filosofia**. São Paulo: Martins Fontes, 2007.

NUZZO, A. **Hegel and the Analytic Tradition.** London: Continuum, 2010.

PEREIRA, O. P. **Sobre o que aparece.** 2007. Disponível em: <http://philosophicalskepticism.org/wp-content/uploads/2014/05/1sobre_o_que_aparece.pdf>. Acesso em: 30 ago. 2019.

PEREIRA, O. P. Sobre o que aparece. In: PEREIRA, O. P. **Rumo ao ceticismo.** São Paulo: Ed. da Unesp, 2006. p. 117-145.

PERISSINOTTO, L. **Wittgenstein:** una guida. Milano: Saggi; Universale Economia Feltrinelli, 2010.

PETTERSEN, B. **Uma introdução à relação entre a filosofia e as ciências naturais.** Disponível em: <https://www.faculdadejesuita.edu.br/documentos/300717-3SANHulA1insy.pdf>. Acesso em: 12 set. 2019.

PORCHAT, O. Sobre o que aparece. **Revista Sképsis,** ano 1, n. 1, 2007.

PORTA, M. A. G. **A filosofia a partir de seus problemas.** São Paulo: Loyola, 2002.

RAGLAND, C. P.; HEIDT, S. (Ed.). **What Is Philosophy?** New Haven: Yale University Press, 2001. p. 25-46.

REVEL, J. **Michel Foucault:** conceitos essenciais. Tradução de Carlos Piovezani Filho e Nilton Milanez. São Carlos: Claraluz, 2005.

ROUSSEAU, J.-J. **Discurso sobre a origem e os fundamentos da desigualdade entre os homens.** Tradução de Lourdes Santos Machado. São Paulo: Nova Cultural, 2000.

ROUSSEAU, J.-J. **Do contrato social.** São Paulo: Nova Cultural, 2000.

RUSSELL, B. **Os problemas da filosofia.** Coimbra: Edições 70, 2017.

RUSSELL, B. **Introdução à filosofia matemática.** Évora: CEHFC/UE, 2006.

SCHLICK, M.; CARNAP, R. **Coletânea de textos**. 3. ed. São Paulo: Nova Cultural, 1988. (Coleção Os Pensadores).

SEARLE, J. **Intencionalidade**. São Paulo: Martins Fontes, 2002.

SEVERINO, A. J. **Como ler um texto de filosofia**. São Paulo: Paulus, 2008.

SEVERINO, A. J. **Metodologia do trabalho científico**. São Paulo: Cortez, 2009.

STROUD, B. O que é a filosofia? **Sképsis**, ano 9, n. 13, p. 1-17, 2001.

VAN TONGEREN, P. **A moral da crítica de Nietzsche à moral**: estudos sobre "Para além de bem e mal". Tradução de Jorge Luiz Viesenteiner. Apresentação de Oswaldo Giacoia Junior. Curitiba: Champagnat, 2012.

VASCONCELLOS, J. A filosofia e seus intercessores: Deleuze e a não filosofia. **Educação & Sociedade**, v. 26, n. 93, p. 1217-1227, 2005.

WITTGENSTEIN, L. **Investigações filosóficas**. 2. ed. Tradução de José Carlos Bruni. São Paulo: Abril Cultural, 1979. (Coleção Os Pensadores).

WITTGENSTEIN, L. **Tractatus Logico-philosophicus**. Tradução de José Arthur Giannotti. São Paulo: Companhia Editora Nacional, 1994.

bibliografia comentada

HIPERBÓLICO. Disponível em: <https://hiperbolico.com.br>. Acesso em: 9 set. 2019.

O propósito do Hiperbólico é democratizar questões filosóficas de interesse do grande público, sem abrir mão dos métodos próprios da filosofia. Seu formato didático e esteticamente atraente proporciona ao ouvinte experiências reflexivas peculiares. Esse *podcast* conta com o engajamento de tres professores e pesquisadores em filosofia: o autor deste livro, Douglas Henrique Antunes Lopes,

Márcio Jarek e Maurício Bueno da Rosa, todos com experiência na educação básica e no ensino superior.

FILOSOFIA POP. Disponível em: <https://filosofiapop.com.br>. Acesso em: 9 set. 2019.

O *podcast* protagonizado por Murilo Ferraz e Marcos Carvalho Lopes conta com a participação de célebres pesquisadores de todo o Brasil. Seu acervo já dispõe de uma infinidade de temas que refletem a atualidade da pesquisa filosófica nacional.

BARBOSA, E; COSTA, T. C. A. **Metodologia e prática de pesquisa em filosofia**. Pelotas: Nepfil, 2015. (Série Dissertatio-Incipiens). Disponível em: <http://nepfil.ufpel.edu.br/publicacoes/3-metodologia-e-pratica-de-pesquisa-em-filosofia.pdf>. Acesso em: 9 set. 2019.

Essa obra apresenta um panorama dos elementos fundamentais da pesquisa e da escrita filosófica, oferecendo ao leitor uma série de exercícios para engendrar-se nessa prática, das técnicas de leitura à produção do texto acadêmico.

SEVERINO, A. J. **Como ler um texto de filosofia**. São Paulo: Paulus, 2008.

Muitos dos pesquisadores profissionais em filosofia iniciaram suas atividades com a leitura dessa obra pioneira em língua portuguesa. A escrita de Antônio Joaquim Severino é nítida, objetiva e atraente. Sua leitura continua indispensável para quem pretende iniciar-se no âmbito da pesquisa filosófica.

GOLDSCHMIDT, V. **A religião de Platão**. São Paulo: Difusão Europeia do Livro, 1970.

Essa obra apresenta vários dos textos do filósofo Victor Goldschmidt, suas contribuições para o desenvolvimento do método de leitura estrutural são pertinentes para os pesquisadores que pretendem desenvolver uma leitura crítica de textos filosóficos.

D'AGOSTINI, F. **Analíticos e continentais**: guia à filosofia dos últimos trinta anos. São Leopoldo: Unisinos, 2002.

A obra é recomendável para os leitores iniciantes que querem conhecer as abordagens mais fundamentais da filosofia contemporânea. Franca D'Agostini consegue apresentar um grande panorama sem passar pelo risco da falta de profundidade nos diversos temas abordados nesse livro.

FOLSCHEID, D.; WUNENBURGER, J.-J. **Metodologia filosófica**. São Paulo: M. Fontes, 2006.

Essa obra é de grande importância para quem pretende desenvolver uma compreensão minuciosa da prática de pesquisa filosófica. Vale praticar cada um dos exercícios propostos pelos autores para desenvolver habilidades de leitura crítica e de escrita sensata.

PORTA, M. A. G. **A filosofia a partir de seus problemas**. São Paulo: Loyola, 2002.

Excelente texto de Mario Ariel González Porta, filósofo uruguaio radicado no Brasil. Nessa obra, o autor aponta para o fato de que a reflexão sobre as características inerentes à filosofia é essencial.

respostas

CAPÍTULO 1

Atividades de autoavaliação

1. d
2. c
3. a
4. c
5. e

CAPÍTULO 2

Atividades de autoavaliação

1. e
2. c
3. a
4. b
5. d

CAPÍTULO 3

Atividades de autoavaliação

1. e
2. d
3. c
4. d
5. c

CAPÍTULO 4

Atividades de autoavaliação

1. e
2. b
3. b
4. d
5. a

CAPÍTULO 5

Atividades de autoavaliação

1. d
2. d
3. d
4. e
5. d

CAPÍTULO 6

Atividades de autoavaliação

1. b
2. c
3. a
4. a
5. e

sobre o autor

Douglas Henrique Antunes Lopes é doutorando em Educação pela Universidade Federal do Paraná (UFPR) e mestre e licenciado em Filosofia pela Pontifícia Universidade Católica do Paraná (PUCPR). Além disso, é especialista em Educação Inclusiva, Especial e Políticas de Inclusão. No mestrado, desenvolveu pesquisas sobre a obra de John Searle. Atualmente, pesquisa as relações entre cinema e educação, com foco no Cinema Novo e nas epistemologias afrodiaspóricas.

Atuou como técnico pedagógico de Filosofia no Núcleo Regional de Educação de Curitiba (2014). É professor do curso de Licenciatura em Filosofia do Centro Universitário Internacional Uninter e de Filosofia pela Secretaria de Estado da Educação (Seed). Atua como *podcaster* no Hiperbólico (https://hiperbolico.com.br/).

Impressão:
Fevereiro/2024